AF360418

RAPPORT

SUR L'INDUSTRIE CHEVALINE

DANS LE

HAUT-RHIN

PRÉSENTÉ

A LA SOCIÉTÉ DÉPARTEMENTALE D'AGRICULTURE

PAR

Aug. ZUNDEL,

Vétérinaire à Mulhouse, Secrétaire de la Société vétérinaire
du Haut-Rhin.

COLMAR,

Imprimerie de Ch.-M. Hoffmann, imprimeur de la Préfecture.

—

1863.

SEPTEMBRE 1863.

N° 5.

BULLETIN

DE LA

SOCIÉTÉ DÉPARTEMENTALE D'AGRICULTURE

DU

HAUT-RHIN.

COLMAR,

Imprimerie de Ch.-M. Hoffmann, imprimeur de la préfecture.

1863.

BULLETIN

DE LA

SOCIÉTÉ DÉPARTEMENTALE D'AGRICULTURE

DU

HAUT-RHIN.

~~~

RAPPORT

SUR L'INDUSTRIE CHEVALINE DANS LE HAUT-RHIN

PRÉSENTÉ

A LA SOCIÉTÉ DÉPARTEMENTALE D'AGRICULTURE

PAR

Aug. ZUNDEL,

Vétérinaire à Mulhouse, Secrétaire de la Société vétérinaire
du Haut-Rhin.

INTRODUCTION.

Le Haut-Rhin est un département industriel, mais
l'agriculture n'y est pas moins en honneur. Comme
disait il y a quelque temps notre honorable Préfet, « la
vitalité de l'industrie loin de nuire à l'agriculture, lui
vient au contraire en aide, elle augmente le nombre de
consommateurs aisés et donne aux produits agricoles
des débouchés plus faciles. » L'agriculture du Haut-
Rhin, sans être des plus avancées de France, est sur un
bon pied et il nous a été donné de constater maint pro-
~~~

grès effectué soit dans la culture, soit dans l'élevage des animaux domestiques. Sous ce dernier rapport l'élevage du cheval est cependant encore bien délaissé; l'on a même constaté une production plus faible, et surtout moins de qualité, que dans le commencement de ce siècle. Cet état des choses a réveillé l'attention de notre conseil général, qui a émis le vœu qu'il soit donné plus d'encouragements à l'industrie chevaline.

La Société départementale d'agriculture a été heureuse de ce vœu; elle a pensé qu'il était grand temps de ne plus abandonner l'élevage du cheval au hasard, à l'ignorance de l'éleveur ou bien à l'action d'amateurs qui, tout en ayant l'idée du beau cheval, ne connaissent pas suffisamment les ressources et les besoins de notre pays. Les haras, dit-on, vont être supprimés, l'on veut donner libre essor à l'industrie privée; c'est pourquoi la Société veut faire un nouvel effort pour l'amélioration de nos chevaux et pour encourager l'élevage dans des bornes utiles, sans prétendre que le Haut-Rhin doive suffire à ses besoins; elle sait que les bons éléments ne manquent pas au département, et que ce qui n'a pas été possible il y a quelques années, peut se faire aujourd'hui, parce que la valeur des chevaux est devenue et restera le triple de ce qu'elle était autrefois. Elle veut s'occuper elle-même de cette question, parce qu'elle a vu que ni le gouvernement, ni les particuliers n'ont étudié la question au point de vue de l'agriculture, qui cependant est la plus intéressée; elle est convaincue qu'il ne faut surtout pas se placer au point de vue de l'armée, comme cela arrive si souvent, et que ce n'est pas manquer de patriotisme, que de ne pas vouloir que chaque pays puisse pourvoir à la défense nationale.

C'est à cause de toutes ces considérations que la

Société d'agriculture nous a chargé de lui faire un rapport sur ce sujet. Nous ne pouvons rentrer dans tous les détails que comporterait une question aussi difficile et aussi vaste ; nous ne pourrons, dans toutes les questions, arriver à des conclusions complètes, parce que les éléments nous manquaient pour ce travail presque neuf ; nous avons cherché à faire de notre mieux, et appelons volontiers à notre aide les observations des personnes compétentes et dévouées aux intérêts de notre département. — Très-peu d'auteurs se sont occupés de nos chevaux du Haut-Rhin et dans les ouvrages qui traitent des chevaux d'Alsace, dans celui de *Thierry* comme dans ceux de *Grognier*, *Desaive*, *Villeroy*, *Gayot*, *Magne*, *Renault* et *Sanson*, l'on s'occupe surtout du Bas-Rhin, dont les chevaux sont en général confondus avec les nôtres ; cependant nous verrons qu'il y a sous ce rapport une grande différence entre les deux départements.

Notre travail, un peu long malgré notre désir d'être le plus court possible, se divise naturellement en trois parties :

1° *Étude de l'état actuel de l'espèce chevaline dans le Haut-Rhin et des ressources de notre département.*

2° *Historique des efforts tentés pour encourager l'élevage et améliorer nos chevaux.*

3° *Avenir de l'industrie chevaline dans le Haut-Rhin et voie à suivre pour effectuer les progrès nécessaires.*

La séparation en ces trois chapitres ne pouvait cependant être bien nette et les questions traitées dans les trois parties se rapportent surtout à la voie à suivre pour améliorer, qui est l'objet essentiel de notre travail.

CHAPITRE Ier.

A. *Nombre. Importance. Services. Qualités.*

En étudiant l'état actuel de l'industrie chevaline dans le Haut-Rhin, nous indiquerons de suite les nombreuses fautes commises par nos éleveurs ; de sorte qu'il y a bien des choses de ce chapitre qui se rattachent directement au troisième.

Le Haut-Rhin entretient environ 25,000 chevaux ; il y en a :

11,000 dans l'arrondissement de Colmar.
8,000 dans celui de Mulhouse.
6,000 — — Belfort.

D'après ces chiffres, il n'y a chez nous qu'un cheval sur vingt habitants, tandis que la moyenne de la France est de près de 1 sur 10.

Le nombre de chevaux du Haut-Rhin est donc assez restreint ; c'est que le cheval de notre département a moins d'*importance* aux yeux du cultivateur, que dans d'autres départements. L'on n'élève que pour remplacer les bêtes de service ; longtemps, dans notre département, la vaine-pâture et les communaux ont permis de nourrir les chevaux presque sans dépenses et dès lors nos éleveurs n'ont eu aucun soin de leurs produits. Beaucoup de communes qui autrefois élevaient des chevaux se sont adonnées à l'élevage du bœuf ; ce système utilisant mieux le fourrage, est conforme au progrès ; et, comme nous le verrons, il est à espérer que le nombre d'éleveurs de chevaux diminue encore dans certaines régions. L'engraissement des bœufs permettrait à ces localités d'utiliser plus de terrain à la culture intensive, encore si négligée chez nous; et s'il faut des chevaux, le prix si rémunérateur des cultures industrielles permettra d'en acheter des localités mieux appropriées à l'élevage.

Sous le rapport des sexes nous trouvons qu'il y a 12,500 chevaux hongres, 9000 juments, 3000 poulains (jusqu'à 3 ans) et 500 chevaux entiers. Le quart seulement de ces juments sont livrées à la reproduction, comme nous le verrons plus tard; de ces 2,400 juments saillies, le tiers seulement arrive à avoir un poulain, car les non-conceptions sont de moitié et les avortements sont aussi très-fréquents; il naît donc une moyenne de 800 poulains par an dans le département; en admettant une durée moyenne de 10 ans pour un cheval, le Haut-Rhin ne produirait donc que 8,000 de ses chevaux, soit le tiers de ce qu'il entretient; un autre tiers y arrive comme poulains achetés en Suisse ou dans les départements voisins et enfin le troisième tiers est importé à l'âge adulte. C'est pour cela que le *commerce* des chevaux est très-important dans le Haut-Rhin; il se trouve presque tout entier entre les mains des Israélites.

L'exportation de chevaux nés dans le Haut-Rhin est à peu près nulle; l'armée n'y trouve qu'un nombre limité de chevaux de train et par rare exception des chevaux de selle. Le commerce même n'en exporte presque pas jusqu'à ce jour, si ce n'est du côté de Delle et d'Andolsheim.

Les chevaux *de service* les plus demandés sont rarement produits dans le Haut-Rhin; nous demandons au dehors les chevaux de gros trait et la plupart des chevaux de trait rapide; le luxe ne trouve pas de quoi acheter chez nous, ni pour la selle, ni pour l'attelage. Le cheval indigène ne sert pour ainsi dire qu'à l'agriculture, où il est occupé depuis l'âge de deux ans jusqu'à la vieillesse. Cependant il se produit quelques. bons chevaux de trait léger et même quelques chevaux d'omnibus, surtout dans les environs de Delle.

La *valeur* moyenne du cheval du Haut-Rhin est difficile à fixer ; tandis qu'en 1840 la valeur était d'environ 150 francs d'après la statistique, elle est aujourd'hui d'environ 550 francs. Dans le canton de Delle l'on ne craint pas de demander mille francs pour un cheval du pays. Par suite de la hausse éprouvée par l'article cheval, la valeur a augmenté en plus forte proportion pour les chevaux de qualité inférieure que pour les bons chevaux. La valeur totale en chevaux dans le Haut-Rhin peut donc être estimée à plus de 8 et 1/2 millions de francs.

Le cheval du Haut-Rhin est en général sobre et bon travailleur ; nos cultivateurs ont fourni dans le temps d'excellents chevaux de guerre, et c'est là ce que l'administration des haras pensait toujours pouvoir produire chez nous. Il supporte le mieux les privations, résiste très-bien aux fatigues et aux différentes températures. Nos chevaux sont très-précoces et néanmoins vivent très-longtemps ; ils sont rarement malades. Mais à côté de ces *qualités* générales se rencontrent de nombreux *défauts* ; ils manquent de noblesse, n'ont pas de bonne conformation. Les tares ne leur manquent pas ; ces défectuosités proviennent plutôt d'un manque de soins ; nos chevaux sont employés trop tôt, et l'état infime de notre race est tout entier dans le fait des cultivateurs qui ne soignent pas plus l'hygiène du poulain que celle de l'adulte.

La cécité due à la fluxion périodique, qui était autrefois très-commune et dépréciait considérablement nos chevaux, a presque disparu quoiqu'elle soit hérédi-

taire ; c'est que l'on ne livre plus à la reproduction autant de juments aveugles ou borgnes et qu'en même
temps on nourrit mieux et donne plus d'air aux écuries.
Les maladies de poitrine sont aussi moins communes
qu'autrefois ; par contre les maladies typhoïdes sont
de plus en plus fréquentes. — Notons aussi les nombreux défauts des membres, les suros, les hydarthroses
et surtout les pieds plats, qu'il convient de voir disparaître sur les bêtes livrées à la reproduction.

B. *Races du département.*

Nous ne donnons pas ici au mot *race* sa véritable
valeur zootechnique et ferions mieux d'employer les
mots de *variété* ou de *famille ;* cependant comme ce
mot est souvent employé dans le sens que nous lui donnons, nous le garderons.

Le Haut-Rhin ne possède aucune race réellement au -
tochthone ; les chevaux qu'il nourrit sont tantôt semi-
autochthones, comme le cheval de la Hardt et le cheval
du Jura, tantôt un mélange de diverses races importées.
L'histoire du département explique ce manque de vieille
race ; les invasions périodiques de l'ennemi et les guerres
intestines ont empêché nos ancêtres de s'occuper de
l'élevage du cheval. La guerre de trente ans surtout, de
si triste mémoire pour l'Alsace, a dû détruire la race chevaline qu'il y avait, comme cela est arrivé à toute l'Al-
lemagne. Les guerres de la Révolution et de l'Empire,
et surtout les invasions des alliés, ont porté plus récem-
ment un coup funeste à notre industrie chevaline.

Dans le Haut-Rhin, il n'y a point de race ancienne ;
jamais la noblesse n'y a entretenu de haras ; il n'y a
jamais eu de seigneur qui ait livré de bons étalons aux
cultivateurs ; l'administration des haras ne s'est jamais

occupée grandement de notre département ; ce que les haras ont fait a toujours été insuffisant et souvent péchait par la qualité ; les races naturelles du Haut-Rhin sont donc semi-autochthones et conséquemment encore facilement modifiables.

Nos divers chevaux sont surtout loin d'être d'un type uniforme ; nulle part autant que chez nous il n'y a autant de différence entre les productions des diverses régions agricoles. Il convient donc d'établir d'abord ces régions ; la petite chaine de Valdieu divise le département en deux portions ; la partie française appartenant au bassin du Rhône et la partie allemande appartenant au bassin Rhénan.

Dans la partie française nous trouvons une agriculture assez semblable à celle de la Comté et son cheval est celui que fournissent les départements de la Haute-Saône et du Doubs. Sur la frontière de la Suisse, dans les cantons de Delle et de Ferrette et une portion de ceux de Dannemarie et de Hirsingue, nous trouvons les habitudes du Jura Suisse et le cheval de cette région. Dans la partie allemande nous trouvons d'abord les collines jurassiques du Sundgau qui s'étendent jusqu'à Mulhouse ; du coté du Rhin nous distinguerons cependant une petite région spéciale, la plaine de Blotzheim, formée surtout par le canton de Huningue. Au nord de Mulhouse l'Ill et ses affluents divisent assez nettement le départements en deux portions : la partie Vosgienne formée des vallées et la plaine située entre l'Ill et le Rhin. Dans la plaine il faut distinguer la partie stérile formée par les bords du Rhin, les cantons d'Ensisheim et de Neuf-Bsisach (la Hardt) et la partie fertile formée par le canton d'Andolsheim et s'étendant jusque vers le sud de Colmar.

Chacune de ces régions a une variété propre de chevaux qu'il importe d'étudier avec détail.

Dans les cantons de Belfort, Giromagny et Fontaine, nous trouvons la race *franc-comtoise* peu modifiée. C'est le cheval de taille moyenne, à tête grosse, un peu lourde, suspendue à une encolure grêle ; le garrot est bas et les épaules plaquées. La côte assez ronde indique encore un bon travailleur ; la croupe large mais avalée jure avec la force de résistance des membres de ce cheval. C'est un cheval sobre, plein de force et de vigueur et qui sert à l'agriculture. Nous serons bref sur ce cheval parce que c'est une variété qui se fait de plus en plus rare chez nous (environ 1500 individus) et que les cantons où il était encore commun il y a quelque temps, celui de Fontaine notamment, préfèrent s'adonner à l'élevage et surtout à l'engraissement des bœufs, opération bien plus lucrative. L'on trouve dans ce rayon quelques chevaux ayant reçu plus ou moins de formes des étalons du haras, mais grêles par les avant-bras et les cuisses, défauts naturels à la race comtoise, que les étalons mal choisis n'ont pas assez corrigés.

Le canton de Delle élevait autrefois aussi beaucoup de chevaux comtois; mais la proximité de la bonne race du Jura Bernois a engagé ces cultivateurs à imiter leurs voisins de la Suisse et à élever ce que nous appellerons la race *jurassique*. Ils ont accouplé leurs juments avec des étalons de la race de Delémont, encore dite du Laumont, ce qui fait qu'aujourd'hui ils fournissent des chevaux bien étoffés, à tête plus noble, que le commerce demande beaucoup. Dans le canton de Delle l'élevage du cheval est en progrès, et l'exemple commence à se communiquer aux cantons de Ferrette, Dannemarie (Chavannes) et Hirsingue (Feldbach). Jusqu'à présent les chevaux de cette variété ne sont pas encore très-nombreux dans le département, l'on peut cependant les estimer à 3 ou 4,000 individus. Le cheval jurassique est un bon cheval de trait, se rapprochant quelque peu du percheron; il est de moyenne taille, a la tête généralement belle et expressive, carrée, un peu grosse, l'œil grand, l'encolure assez bien proportionnée au poids de la tête, très-charnue, le garrot quelquefois bas et les épaules encore un peu plaquées, courtes; la côte est bien ronde, les reins solides quelquefois trop courts, la croupe large un peu double, non avalée; les membres bien musclés, secs et solides (ce qui les distingue des comtois); le sabot bon, la robe ordinairement grise ou rouanne. Habitué à la vie des montages dès son jeune âge, ce cheval est sobre et plein d'énergie; il est bon travailleur, a assez de vitesse, est quelquefois propre au trait léger. Soigné par les femmes, ce cheval est très-doux, nullement irritable. Cette race est très-recherchée et les éleveurs ne peuvent satisfaire à toutes les demandes qui leur sont faites; aussi le prix en est-il élevé de 900 à 1,200 fr. l'adulte.

Beaucoup de chevaux vendus dans cette partie du département n'y sont pas nés, mais introduits comme poulains de six mois nés dans le pays de Porentruy et de Sainte-Ursanne.

La variété de chevaux que fournissent les collines du Sundgau est peu recommandable; de moyenne taille, le cheval *Sundgovien* à la tête lourde, le regard peu intelligent, le garrot bas, la côte un peu plate, le dos souvent ensellé, la croupe avalée; les membres peu musclés sont assez forts, mais ordinairement tarés vers les articulations par suite du travail précoce auquel on le condamne; néanmoins il résiste bien aux fatigues et aux différents changements de température, ce qui prouve sa force et son tempérament. Il y aurait donc de l'étoffe à améliorer, mais tout est négligé, le régime, l'éducation et le reproducteur ; y a-t-il de quoi s'étonner si l'on produit un animal indigne du beau nom de cheval ? D'ailleurs l'on élève rarement dans cette région ; presque tous ces chevaux sont importés à l'état de poulains de six mois, de la Comté ou de la Suisse ; ils sont condamnés à travailler dès leur bas âge, non pas à la charrue, mais à la voiture et souvent à de fortes allures ; aussi ces poulains se confondent-ils bientôt avec les chevaux du pays, qui eux-mêmes sont des produits du hasard. Cette industrie d'acheter des poulains trouve sa source dans l'abondance et le peu de valeur relative des fourrages de ces vallons ; il conviendrait cependant de mieux utiliser ce fourrage en le faisant manger par des bêtes bovines. C'est d'ailleurs ce qui se fait déjà ; l'on a bien moins de chevaux qu'autrefois dans les cantons d'Altkirch, de Landser et de Habsheim, et l'on y entretient de préférence des bœufs que malheureusement l'on ne sait pas encore engraisser. Cette industrie des poulains est depuis quelques années une mauvaise spéculation ; les poulains de six mois qu'on achète aux foires d'automne (Habsheim, Altkirch, Montbéliard, Maiche), coûtent déjà de deux à trois cents francs, et au bout de trois ans ils n'ont pas même doublé de valeur ; si nos cultivateurs du Sundgau calculaient un peu, ils lâcheraient ce genre d'industrie, ou bien ils accorderaient plus d'attention, un meilleur régime au cheval produit, afin de lui faire avoir une plus grande valeur à l'âge adulte.

Dans la plaine de Blotzheim, c'est-à-dire du côté de *Huningue*, l'on a un cheval plus étoffé que celui des collines ; il se rapproche un peu du cheval Suisse de la plaine, il a la tête lourde, l'encolure courte mais forte, le garrot médiocrement sorti, le dos un peu ensellé, la croupe avalée, le ventre gros et les membres grêles en comparaison de la masse du corps, les articulations peu saillantes. Ces chevaux se rapprochent de certaines races allemandes, sont forts, mais mous; ils se nourrissent bien et sont d'un développement rapide ; le nombre en est restreint, tout au plus mille individus; mais l'administration des haras en y mettant depuis peu une station d'étalons leur a donné un peu de formes, a fait disparaître la tête lourde et empâtée, a relevé le garrot et donné plus d'énergie. Ce progrès est aussi dû à ce que ces chevaux ont la ressource des pâturages demi-stériles situés vers le Rhin et surtout de ceux de la Suisse, où l'on prend des pensionnaires pour une faible somme.

Nos vallées des Vosges fournissent un bon petit cheval sec et robuste, travaillant bien, mangeant peu et vivant longtemps; la variété *vosgienne* est une vraie race de nature, mesurant 1.40 à 1.50, à tête un peu grosse et portée par une encolure courte un peu horizontale ; le garrot est bas, le dos presque droit, les reins assez courts la côte un peu aplatie, le ventre un peu volumineux, la croupe avalée, les pieds bons, le jarret un peu droit, la robe ordinairement baie foncée. Ce cheval est bon dans les montagnes, il a une démarche certaine ; il a beaucoup d'analogie avec l'ancien cheval lorrain que l'on ne rencontre plus que dans les Vosges; c'est de ce département qu'il vient encore souvent en effet, parce que l'élevage est assez restreint dans nos vallées alsaciennes. On le trouve surtout dans les vallées de Munster et de Kaysersberg; on le retrouve du côté de Ribeauvillé et dans le Ried. Il sert quelquefois au bât, mais on lui préfère alors l'âne qui est très-répandu dans les vallées de Gueb-

willer et de Soulzmatt. Il n'y a pas d'élevage de chevaux
dans les vallées de Massevaux et de St.-Amarin, qui sont
presqu'exclusivement industrielles, et achètent les chevaux dont elles ont besoin.

Dans la plaine située entre l'Ill et le Rhin, quand a
cessé la forêt de la Harth et que commence la plaine qui
dans sa majeure partie porte le même nom, c'est-à-dire
en arrivant du côté d'Ensisheim, Hirzfelden, etc., l'on
trouve un cheval tout-à-fait de nature, très-négligé, mais
ayant un cachet d'énergie qui frappe de suite le con-
naisseur. Cette race *de la Harth,* quelquefois demi-sau-
vage, s'étend jusque vers le Bas-Rhin, du côté de
Schlestadt et de Marckolsheim, où elle se confond avec
le cheval du Ried; dans le canton d'Andolsheim elle
n'occupe qu'une région très-resserrée vers le Rhin à cause
des terrains gras, situés entre la Fecht, l'Ill et la Blind.
Les progrès de la culture l'ont cependant déjà sensible-
ment modifié. L'ancien cheval est en général petit, ordinairement bas, sa tête assez petite, l'œil vif, l'encolure
forte, un peu de cerf, l'épaule forte et oblique, le garrot
médiocrement sorti, la côte bien ronde, le ventre souvent levreté (si le cheval est nourri sec), devenant facilement de vache avec les fourrages verts. La croupe est
assez droite, un peu de mulet, la queue bien attachée.
Les membres sont bien faits à larges articulations, mais
laissant à désirer pour les cuisses et les avant-bras.
D'après ce portrait réel, ne dirait-on pas un cheval de
sang, ou cheval oriental? mais c'est qu'il faut ajouter une
peau épaisse, un poil dur et sec, une forte ossature, des
formes très-anguleuses, un dos ensellé. C'est un cheval
qui a beaucoup de qualités, il est très-solide et d'une
énergie sans pareille. Soumis à un bon régime, il donne
au bout de quelque temps un très-bon travailleur, prend

un peu de taille, même à l'âge adulte, et en même temps des formes plus arrondies. Dans le Haut-Rhin il n'est plus nulle part forcé de passer la nuit dehors en plein air, il est logé à l'écurie, mais le plus souvent dans une écurie où il manque d'air et de lumière, où il perd alors quelque peu de son énergie.

L'on dit que cette race de chevaux doit sa qualité à des étalons polonais amenés par le roi Stanislas ; ce fait est fort douteux et il est plus probable que ce cheval doit ses qualités à la nature du sol et au mode d'élevage qu'il a subi pendant longues années. En effet, il n'y a pas longtemps que ces chevaux pâturaient toute l'année, cherchaient quelquefois sous la neige leur maigre pâture et n'allaient à la ferme que pour être attelés ; pendant la saison rigoureuse ces animaux recevaient un peu de paille, la culture du trèfle étant alors inconnue. Peut-être aussi ces chevaux ont-ils un caractère tartare et descendent-ils des chevaux de ces hordes barbares qui, sorties de l'Asie vers le V\ :superscript:e siècle, ont inondé l'Europe. Cette opinon, admise par M. Villeroy pour les chevaux lorrains et surtout pour les chevaux du Hundsruck, est aussi admissible pour le cheval de la Harth.

Dans les riches campagnes du canton d'*Andolsheim*, l'on élève beaucoup de chevaux (près de 2,500) ; le fourrage y est plus abondant, le cheval y a pris de la rondeur et de l'embonpoint. Dans les vastes prairies que forment l'Ill et la Fecht il trouve un aliment abondant, peu excitant, qui lui fait quelque peu de tempérament lymphatique. Dans cette partie du département l'on a fait le plus de croisements ; c'est là que les percherons introduits et les étalons de la station de Horbourg ont fait un mélange de chevaux auquel l'on ne peut même plus donner le nom de variété. C'est en général un

cheval à tête assez forte et osseuse, pas très-bien attachée, ayant peu de garrot, un dos un peu plongé, la
croupe large et avalée, la côte tant soit peu plate, les
jambes un peu minces sans distinction, l'épaule assez
basse, d'un tempérament assez robuste. Ces chevaux
sont toujours nourris à l'écurie. Le même cheval, plus
ou moins modifié, se trouve le long de l'Ill et de la Lauch,
dans la partie plaine des cantons de Wintzenheim ,
Rouffach et Soultz. Cette région centrale du département, à laquelle l'on peut ajouter une partie des cantons
de Cernay et de Mulhouse, n'a d'ailleurs rien de carac-
téristique quant à l'espèce chevaline.

Autour de ces races, que nous pouvons appeler semi-
autochtones, nous devons distinguer les races *importées
et acclimatées*, c'est-à-dire celles dont l'importation se
fait depuis longtemps et qui ont été livrées chez nous à
la reproduction ; quelques unes d'entre elles proviennent
même d'essais d'amélioration, d'où le besoin d'en parler
avec quelque détail.

En première ligne se place le *percheron* qu'on a
cherché à introduire chez nous il y a une vingtaine
d'années ; le cheval percheron est cosmopolite, ses caractères se donnent assez bien aux autres chevaux, mais il
est difficile dans les premières années, il demande à être
bien ménagé jusqu'à quatre ans au moins ; il demande
une nourriture riche et peu volumineuse, beaucoup
d'avoine. Or l'on a pas eu égard à cela et cette race,
que l'on croyait si facile à implanter, a rapidement dégénéré entre les mains de nos cultivateurs. De cet état
des choses est résulté pour cette race un discrédit dont
elle sera assez difficilement lavée, et cependant la race
percheronne elle-même en est bien innocente ; constatons
cependant qu'il y a d'assez nombreux bons percherons

chez nos riches cultivateurs, notamment dans l'arrondissement de Colmar.

Le *cheval du Jura suisse*, du *Laumont*, encore dit
des *franches montagnes*, que nous avons vu produit,
quoiqu'un peu modifié, par nos cantons avoisinant la
Suisse, a été de tout temps importé dans notre département, où l'on en a toujours fait grand cas; on l'a
quelquefois trouvé préférable au percheron, ce qui est
naturel parce qu'il est déjà habitué à nos contrées et à
notre régime. Ce cheval, en quittant ses montagnes, a
gagné et la jument livrée à la reproduction a toujours
donné un bon cheval de vitesse, à bonnes jambes.

Les chevaux *suisses de la plaine* en arrivant dans le
Haut-Rhin, ainsi que les *comtois*, ont surtout rapidement
changé dès la seconde génération; leur train antérieur
a pris plus de musculature, surtout dans les avant-bras;
leur encolure s'est allongée, embellie et la tête surtout
est devenue moins lourde, moins pâteuse; l'épaule devient
plus libre, le garrot plus élevé; le cheval, de lourd qu'il
était, devient chez nous, par des croisements anglo-
normands ou percherons, un cheval de trait léger, d'une
manière plus rapide que s'il était resté dans son pays.
Ces faits déjà constatés en 1822 par Thierry, dans son
traité sur les chevaux d'Alsace, s'observent encore de
nos jours, mais seulement dans les contrées de bonne
culture et là où il y a un bon régime. Notons cependant
dès maintenant qu'il y a un moyen d'améliorer nos chevaux du Haut-Rhin; que les éleveurs qui sont obligés
d'acheter des chevaux, achètent de préférence de bonnes
juments de ces pays; ils en retireront sûrement une bonne
souche si, en même temps, ils ne ménagent pas le régime
et les soins.

Parmi les chevaux *importés* par le commerce et goûtés

dans le Haut-Rhin, nous mentionnerons en outre les races sus-citées : les chevaux du Nord, l'ardennais et surtout le breton qui est assez estimé, quoique rare. Le luxe consomme beaucoup de chevaux allemands et normands et depuis quelque temps des percherons légers. Nous demandons relativement peu de chevaux au Grand-duché de Bade, qu'il ne faudrait conséquemment pas vouloir imiter.

C. *Ressources du département (Facteurs de race autres que les reproducteurs). — Climat. — Sol. — Soins moraux et hygiéniques. — Aliments. — Pâturages. — Travail.*

Pour faire de bons chevaux il faut le concours de beaucoup d'éléments que l'on peut, avec les zootechniciens, désigner sous le nom de *facteurs de races*. Ce sont le climat, le régime et les reproducteurs. Nous traiterons de ces derniers avec beaucoup de détail dans les chapitres suivants et n'étudierons ici que les moyens hygiéniques ; examinons ici les diverses conditions qui sont indispensables à une bonne industrie chevaline ; nous étudierons celles que le département fournit et qui sont des ressources existantes ; en même temps nous signalerons les ressources à faire naître.

Le *climat* et le *sol* sont les premières conditions à étudier ; l'on ne peut guère en parler séparément, c'est ce qu'on a aussi appelé l'influence de la localité. Notre climat est variable, il y a une différence notable entre la plaine et la partie montagneuse ; cependant, en général, il est tempéré et les différentes circonstances qui viennent le modifier chez nous lui donnent rarement de mauvaises qualités ; l'atmosphère est rarement trop humide, l'air est plutôt sec et ordinairement frais. Les changements

de température sont fréquents et brusques ; il est peu de
départements où la température passe plus rapidement
du chaud au froid et du froid au chaud, circonstance qui
rend les animaux indigènes très-robustes et leur permet
de mieux résister que les animaux importés, qui sont
facilement pris de maladies catarrhales. La température
moyenne est d'environ 11°. Les brouillards ne sont communs que vers le Rhin ou dans les vallées, mais leur
effet se trouve contrebalancé par la sécheresse du sol
et parce que les pluies sont souvent rares en été, d'où
pas autant de tempérament lymphatique sur nos chevaux
du Haut-Rhin que sur les chevaux de la Suisse et de la
Comté. Le climat est donc en général favorable à un
bon élevage de chevaux ; le sol qui est généralement
sec est aussi très-favorable. Comme une bonne partie
du département est montueuse, l'on peut espérer donner
à nos chevaux plus de souplesse et plus d'adresse, conséquemment de bonnes allures.

Tout comme un bon aliment, *l'air pur* est indispensable
au cheval ; comme on exige du bon cheval surtout de
l'énergie dans son action, il lui faut, plutôt qu'à tout
autre animal, un air pur souvent renouvelé. Des poètes
ont rapproché le cheval de l'oiseau ; tout comme à celui-ci
il faut surtout un air pur pour rafraîchir ses vastes organes
respiratoires, hématoser le sang, brûler les matériaux
qui ont servi à la nutrition, tout en excitant le système
nerveux et rendant ainsi à l'animal toute sa sensibilité
électrique ; il faut donc de l'air et de la lumière dans les
écuries.

Le cheval étant tout énergie, il lui faut du *mouvement ;*
un cheval bien portant, condamné à un repos de quelque
temps, ne sortant pas de son écurie, s'avilit malgré la
meilleure alimentation ; celle-ci conserve l'animal mais

n'entretient pas cette vigueur profonde, cette seconde vie particulière au cheval. L'inaction prolongée est plus funeste au cheval que des fatigues exagérées, d'où la nécessité, à défaut de pâturages convenables, de mettre à la disposition du poulain et même de sa mère, un enclos où il puisse se promener une partie du jour.

Ce qui concourt puissamment au mauvais état de nos chevaux, c'est la mauvaise disposition des *écuries*, qui sont basses, manquent d'air et ne sont pas proprement tenues; souvent les chevaux cohabitent avec les bêtes bovines; cependant, pour faire disparaître cet état de choses, il suffit d'un peu de bon sens et de beaucoup de bonne volonté. Qu'on ne marchande pas au cheval l'air, la lumière et l'exercice, et à ce prix seulement nous aurons de bons chevaux. Qu'on ne néglige pas les *soins hygiéniques* qui dans un élevage à l'écurie sont d'autant plus nécessaires. Nous pourrions signaler l'absence de litière, qui cependant fournirait un bon fumier ; nous ne dirons rien du pansage, des bains, de la ferrure, soins qui laissent beaucoup à désirer et qu'il faut espérer voir appliquer avec plus d'attention, parce que ces soins concourront puissamment à la plus-value du cheval.

Si le climat fait le cheval, le dispose à tel ou tel service, l'*homme* peut à son tour faire beaucoup par l'alimentation et les *soins moraux* et matériels. C'est par la puissance de l'homme que l'Anglais a fait sa race si admirée; dans le Haut-Rhin l'homme n'a guère usé de son influence dans l'industrie chevaline que pour mal faire, pour gâter ce que le climat lui a fait de si bon et de si robuste. Cependant notre cultivateur alsacien est zélé et assez intelligent; aussi ceux qui veulent se livrer à l'élevage du cheval ont-ils assez volontiers recours à des étalons choisis, et ce n'est souvent que le manque de

bons reproducteurs qui les pousse à s'adresser à des
étalons de hasard. Mais hors de là, pour ce qui est de
l'hygiène proprement dite, l'on peut constater une apathie
et une indifférence très-fâcheuses ; plusieurs considèrent
leur position de cultivateurs comme une position deshé-
ritée ; appartenant souvent à l'usurier, ils ne s'inquiètent
que peu de leurs intérêts et témoignent beaucoup d'incurie, de la négligence, de la mauvaise volonté même
pour ce qui est de l'alimentation et de l'éducation. Dans
ces localités, où la routine marche de front avec la pau-
vreté relative, il y a peu à espérer ; l'on n'arriverait que
par des moyens réglementaires qui ne sont plus de notre
temps. Espérons que l'instruction pénétrant dans les
masses y fera naître la bonne volonté et le bon sens si
nécessaires à tout progrès, tout en faisant disparaître la
foi au mystique.

L'habitant du Haut-Rhin est bon avec son cheval, il
ne le maltraite pas trop et rarement il lui demande plus
qu'il ne peut faire. Le goût du cheval existe chez nos
paysans et la preuve s'en trouve dans le cas que l'on fait
de l'Alsacien à l'armée. Notre paysan manque d'énergie,
de bonne volonté ; il est routinier par excellence et n'use
guère de son bon sens naturel. Poussé par autre chose
que son propre intérêt, il soigne très-bien le cheval,
c'est ce qu'on peut constater pour les chevaux de troupe
confiés aux cultivateurs, qui sont dans un excellent état
comparativement aux chevaux du propriétaire ; c'est ce
qu'on peut encore constater pour les chevaux élevés dans
un but spécial d'exposition ou de promesse de vente.

Si la *femme* s'occupait davantage de l'écurie, si elle
visait à la propreté, comme cela se fait, par exemple, dans
la Bresse et une partie de la Comté, nous verrions disparaître de grands obstacles à un bon élevage du cheval.

Malgré tout ce que nous venons de constater, nous trouvons cependant dans l'habitant du Haut-Rhin quelque chose de favorable à la production du bon cheval; dans beaucoup de localités le besoin d'élèves est poussé jusqu'à la passion et nous voyons beaucoup de cultivateurs, ne calculant pas que le prix de revient dépasse la valeur qu'aura le cheval à 4 ans, se livrer à l'élevage de ce noble animal par amour pour lui et un peu par vanité et afin de produire lui-même le cheval qui doit remplacer sa bête de service. Si donc le département procurait à ses cultivateurs les moyens de produire un bon cheval, le cheval de trait léger, dont le prix est aujourd'hui si largement rémunérateur, ne verrait-on pas le goût du bon cheval se développer chez le cultivateur et avec ce goût les tendances d'amélioration et la lutte contre la routine?

Un *bon régime* est essentiel pour la production de bons chevaux; les ressources en *aliments* ne font pas justement défaut dans le Haut-Rhin, comme on le dit généralement; cependant le cheval exige une nourriture plus recherchée que le bétail et c'est ce que nos éleveurs ne comprennent pas. C'est ici que nous verrons notre industrie chevaline du Haut-Rhin, être surtout en défaut, et c'est cependant par le régime qu'on parviendra le plus sûrement et le plus rapidement à améliorer nos chevaux. L'effet des reproducteurs les mieux choisis sera toujours très-faible tant qu'on n'aura pas effectué les grandes modifications qu'exige l'alimentation des animaux domestiques, et du cheval en particulier. A côté d'une botte de foin naît un cheval, a dit Richard du Cantal, de même que Buffon disait qu'à côté d'une miche de pain naît l'homme, ce que nous traduirons par : *telle alimentation, tel cheval*. Notons de suite que la *sobriété* n'est plus une qualité pour le cheval de trait comme elle l'est pour le cheval léger ou d'attelage ; la force y est plus exigée que la vigueur, et pour cela il faut l'alimentation riche donnant le poids et la musculature, en même temps que l'aliment excitant donnant la vigueur. Ce sera donc un progrès quand la sobriété, cette qualité du cheval du Haut-Rhin, aura disparu sous l'influence d'une bonne alimentation. Que nos éleveurs ne soient pas *parcimonieux ;* qu'ils sachent qu'un cheval qui travaille (que la jument qui porte, que le poulain en croissance) veut une alimentation, pas justement plus copieuse, mais mieux soignée que quand il est au repos ; qu'ils sachent que le cheval est un être délicat qui demande de la *qualité* dans ses aliments. Qu'ils sachent ajouter des *condiments,* qui sont d'autant plus nécessaires chez nous que l'on donne des fourrages peu naturels, qui ont l'inconvénient de faire dominer chez nos chevaux ce qu'on appelle la diathèse typhoïde ; le sel et surtout le sulfate de soude, donnés de temps à autre, corrigeraient d'une manière certaine les mauvais effets du trèfle et de la luzerne.

Vu l'importance de la question, examinons en détail les aliments du cheval du Haut-Rhin :

Nous produisons un peu plus de *foin* qu'il ne s'en consomme ; le Haut-Rhin, possédant plus de 50,000 hectares de prairies naturelles et produisant un demi million de quintaux métriques de foin naturel et de regain, se trouve, sous le rapport de la quantité, en de très-bonnes conditions : annuellement nous pouvons en exporter près du dixième. La consommation quotidienne moyenne en foin pour un cheval peut donc être estimée à 8 kilog., ce qui est la moyenne admise par beaucoup d'autres. La qualité du foin du Haut-Rhin est variable, cependant en général bonne. Que l'éleveur n'oublie pas que le cheval veut trouver dans le foin non-seulement les principes nutritifs et un certain lest, mais aussi cet arome propre au foin qui sert de condiment; que par conséquent un foin lavé, poudreux ou vasé est indigeste et expose à des maladies tout en rendant le cheval mou et lymphatique. — Le Haut-Rhin pourrait faire plus de foin qu'il n'en fait aujourd'hui, si les terrains qui se trouvent le long du Rhin et dans la plaine recevaient de l'eau; beaucoup de prés, pour faire un bon foin, ne devraient pas être irrigués; les endroits exigeant le drainage sont relativement rares. Un semis de bonnes espèces améliorerait beaucoup de prés à espèces trop ordinaires. Il n'y a pas trop à insister sur le foin, dont nos chevaux reçoivent bonne ration, quelquefois même de trop, dans le jeune âge surtout, d'où leur ventre avalé qui gêne le jeu des organes de la respiration.

La *paille* n'est pas un aliment en honneur chez nos éleveurs; c'est qu'ils n'en connaissent pas les qualités nutritives; elle n'est pas aussi nécessaire au cheval de notre pays qu'à certaines races importées: cependant il est un fait réel, c'est que la paille conserve au cheval son tempérament sanguin, le rend sec et lui donne de l'énergie. La paille mêlée aux foins artificiels remplacerait avec avantage la luzerne dont on abuse chez nous. La paille est encore très-riche en matières nutritives surtout dans ses parties supérieures (près des épis). Le cheval auquel on en donne choisit les meilleurs brins et le reste sert de litière. La paille est surtout bonne pendant l'hiver, elle occupe les chevaux quand ils restent longtemps à l'écurie.

La *paille hachée* est assez utilisée chez nos cultivateurs du Rhin, ils la mêlent à du son et en font le *menu fourrage (Kurz-futter)* ; cette alimentation n'est pas vicieuse si on humecte la masse et si l'on n'en fait pas un régime exclusif. Ce *Kurz-futter* est nutritif, convient dans la saison où les chevaux ne travaillent pas, mais fatigue facilement les viscères de la digestion. Il ne convient donc surtout pas aux élèves, à moins qu'on n'en ajoute à l'avoine quand on ne peut donner que peu de ces grains.

L'*avoine*, qui est l'aliment par excellence de tout cheval de travail, n'est guère connue du cheval du Haut-Rhin, de là en grande partie son infériorité. Nos cultivateurs refusent l'avoine au cheval, comme ils se refusent à eux-mêmes la viande. Le Haut-Rhin produit environ 150,000 hectolitres d'avoine, mais il en importe aussi beaucoup de la Lorraine et de la Haute-Saône. La quantité consommée par an est d'environ 175,000 hectolitres, ce qui porterait la consommation annuelle par cheval à environ 7 hectolitres ou à environ 2 litres par jour ; ce chiffre, quoique déjà au-dessous d'une moyenne rationnelle, perd beaucoup de sa valeur si on le compare à la ration donnée aux chevaux de luxe et de travail dans les villes et les établissements industriels ; l'on trouvera qu'il n'en reste plus guère pour le cheval du cultivateur, de l'éleveur. Le peu d'avoine que nos paysans produisent est vendu à la ville. Cependant sans avoine pas de bon cheval, car c'est l'avoine qui fournit à l'économie le plus de principes azotés, c'est lui qui est chargé d'entretenir la musculature ; c'est l'avoine qui, sous le plus petit volume, donne à l'économie le plus de matières alibiles. Il faut de l'avoine aux chevaux qui travaillent et il leur en faut en proportion du travail qu'on leur demande. L'estomac du cheval est, on le sait, fort petit, il ne peut contenir que dix litres environ de matières ; dans les circonstances ordinaires, le cheval qui ne fait rien, s'entretient bien avec du foin, car son estomac peut en recevoir et en digérer une quantité suffisante. Mais une fois que l'animal vient à être soumis à un service qui exige une ration plus forte, son estomac n'est plus assez grand pour recevoir et digérer cet excédant. Il faut alors de toute nécessité que le suppléant soit donné sous un petit volume, avec une grande somme de matière nutritive. Il faut donc de l'avoine à tout cheval qui travaille ; il en faut aussi pour le cheval qu'on élève et qu'on prive d'air et de mouvement ; ce n'est qu'avec l'avoine qu'on peut lui donner de l'énergie et qu'on peut espérer vendre le produit à un bon prix. L'avoine donne la taille aux produits et les sujets qui n'en reçoivent pas suffisamment sont toujours petits, conséquemment de moindre valeur. Les Anglais disent que pour faire de bons chevaux il faut trois choses : le père, la mère et le coffre à avoine. — C'est en donnant de l'avoine à satiété, que dans le Perche on est parvenu à faire la belle race de trait léger, dont nous avons le droit d'être aussi fiers que les Anglais de leurs coureurs.

L'*orge*, le *seigle* et le *froment* que les éleveurs croient quelquefois donner à la place de l'avoine, ne la remplacent pas en entier ; la première de ces céréales étant moins riche en corps gras, ne convient chez nous qu'en été ; donnée à une autre saison, elle ne fournirait pas assez d'énergie au cheval ; les autres céréales le rendent pléthorique, parce qu'elles sont trop riches en albuminoïdes. Il en est de même des *féveroles* et des autres *graines* de légumineuses. Cependant, à défaut d'avoine, c'est encore un bon aliment quand il n'est pas donné à l'excès, et qui convient aux élèves.

Le *regain*, excellent pour les bêtes à cornes, ne convient guère aux chevaux ; manquant de principes aromatiques, plus riche que le foin en ligneux, principe ne se dissolvant guère dans les intestins du cheval, cette nourriture fatigue l'animal sans fournir de principes nutritifs; c'est le regain qui donne aux chevaux du Sundgau ces constipations intestinales, si opiniâtres et souvent mortelles; dans tous les cas il rend le cheval lourd, mou et lymphatique. Si donc on est obligé d'en donner, surtout à des élèves dont on ne doit pas surcharger l'abdomen, qu'on le mêle à de la paille.

Le même effet est produit par le foin des prairies artificielles, par la *luzerne* notamment. Ces foins manquent de pouvoir excitant, se digèrent difficilement et tout en rendant l'animal lymphatique prédisposent les chevaux à ces maladies typhoïdes malheureusement si communes dans nos arrondissements, qu'on les dirait inhérentes aux chevaux du Haut-Rhin. Un bon éleveur doit donc être très-réservé dans l'usage de la luzerne et du trèfle. Cependant sur les bords du Rhin, dans la Hardt, où l'on manque d'autre fourrage, il faut bien avoir recours à ce foin de luzerne, mais il conviendrait alors de le mêler à de la paille, de donner des salins et surtout de donner de l'avoine. Dans le Haut-Rhin l'on donne fréquemment aux chevaux des *racines* ou des *tubercules*, des navets et des pommes de terre surtout; c'est un aliment peu nutritif qui n'est pas trop à conseiller pour nos chevaux si facilement lymphatiques. Les pommes de terre en petite quantité et cuites sont bonnes à ajouter au *Kurzfutter*, mais il ne faut pas en faire un usage exclusif; le cheval deviendrait mou et risquerait bien des maladies. — Les navets conviendraient quelquefois en été; mais il faudra toujours leur préférer les *carottes*, qui sont plus nutritives et renferment un principe aromatique et tonique qui contrebalance les mauvais effets de cet aliment aqueux. Les carottes sont bonnes à donner aux poulains, surtout lors du sevrage; elles sont encore bonnes à l'élève qu'on soumet au régime sec et au cheval adulte quand il est souffrant; la culture en grand de cette ombellifère est donc à conseiller à tout éleveur.

Le *son* est un aliment dont nos cultivateurs usent beaucoup, même un peu trop ; ils espèrent par là remplacer l'avoine ; le son qu'ils achètent et qui sort des grandes minoteries n'a pas les qualités nutritives du son de nos petits moulins ; c'est du ligneux à peu près pur et les dernières traces de farine ont été enlevées par la mouture et le blutage. Le son de nos campagnes est assez riche, il blanchit la main qui le touche ; c'est un aliment dont il ne faut pas abuser, pas plus que des *balles de blés*, dont on use beaucoup sur les bords du Rhin pour l'alimentation des chevaux. Ces matières, comme le *Kurzfutter* auquel on les mêle, sont nutritives, excitent l'estomac mécaniquement, mais en même temps fatiguent les viscères digestifs, d'où une sensibilité extrême de ces organes chez tous les chevaux du Rhin et de la Hardt.

L'*alimentation du vert* est bonne pendant quelque temps pour les jeunes chevaux et pour les chevaux à refaire ; mais que nos éleveurs n'oublient pas qu'il faut exclure toute nourriture sèche, qui a alors de la peine à être digérée. — Il ne faut pas abuser du fourrage vert pour les élèves, s'ils ne sont pas en liberté, parce que nourris vert à l'étable , ils perdent de leur énergie et deviennent mous ; mais si l'on peut laisser courir le poulain, même dans un lieu stérile, alors le vert sera toujours un bon dépuratif.

Ceci nous amène à parler des *pâturages* que nous ne croyons pas indispensables à un bon élevage ; il est vrai que le jeune cheval y trouve de l'air et du mouvement, mais il n'y trouve que peu d'aliments si le pâturage n'est pas riche. Il y prendra de l'énergie, mais non la force nécessaire au cheval de trait; avec des soins et de la bonne volonté l'on peut arriver à un bon résultat sans pâturages; la bonne race percheronne est produite par la stabulation et ne peut pâturer que très-exceptionnellement.

Avec les progrès de l'agriculture, les pâturages disparaissent tout-à-fait du Haut-Rhin; ce n'est que dans les lieux vagues, demi-stériles, qu'on pourra en conserver; encore la Harth d'Ingersheim a-t-elle été transformée en prairie et l'Ochsenfeld, lui-même, cesse-t-il de ne produire que des genêts. Les lieux stériles du Rhin et de la Harth d'Ensisheim se transformeront en prés, si on parvient à obtenir des prises d'eau du Rhin ou du canal; c'est ce qui est arrivé à Hombourg, c'est ce qui se fait en ce moment à Ottmarsheim.

Il est même heureux que les pâturages en plaine disparaissent, car c'est l'action de paître sur un terrain horizontal qui rend la tête volumineuse, le dos horizontal, le poitrail enfoncé, les épaules droites, etc., caractères qui sont en général déjà trop marqués sur nos chevaux du Haut-Rhin; l'éducation des chevaux qui pâturent, dit Grognier, est toujours moins facile et l'on ne peut en exiger le travail que fournit un cheval habitué à la vie d'écurie. Dans des pâturages des landes comme celles de l'Ochsenfeld, il vaut mieux mettre des bêtes à laine; ces bêtes y vivent et y prospèrent, leur estomac digère facilement le ligneux, tandis que des poulinières et des poulains y dépériraient. La suppression de la pâture fut une des premières causes de l'amélioration des chevaux de la Lorraine septentrionale. Dans une agriculture progressive il ne doit plus exister de pâturages que dans les sols rocheux et dans les cantons possédant un excédant de prés ; ces prés serviront alors d'embouche pour l'engraissement des bêtes bovines. Ce ne sera jamais le cas chez nous et l'on sera encore longtemps obligé d'avoir recours à la stabulation, quitte à laisser au poulain une cour pour se donner le mouvement si nécessaire, ou de l'envoyer pendant l'été dans les montagnes. Sous ce dernier rapport, nous croyons que la chaîne des Vosges pourrait nous offrir les avantages que l'on va chercher en Suisse ; il y a beaucoup de plateaux à pentes douces, auprès des chaumes, qui serviraient de bons pâturages et n'auraient pas les inconvénients des pâturages en plaine. Les poulains y gagneraient de la vigueur et y déploieraient leurs membres ; peut-être que les pâturages des marquarts gagneraient à être fréquentés par deux espèces d'animaux : les chevaux mangeraient ce que les vaches refusent, et aucune plante ne se développerait au détriment d'une autre.

Nous ne parlerons pas beaucoup du *travail* auquel on soumet le cheval du Haut-Rhin ; nous avons déjà fait remarquer qu'en général le cheval est soumis au service à un âge encore trop tendre et que dès lors il est très-fréquent qu'on ruine nos chevaux de bonne heure. Ajoutons aussi que l'alimentation n'est pas toujours en rapport avec le travail demandé ; aussi ne peut-on exiger de nos chevaux indigènes toute la vitesse qu'ils auraient s'ils recevaient de l'avoine. Dans le travail du cheval l'on exige trois choses : la vitesse, la force, et la durée ; les deux dernières qualités sont assez développées chez nos chevaux du Haut-Rhin, ils sont forts, entraînent de bons fardeaux, sont patients et soutiennent le travail assez longtemps, mais ils sont lents, ne joignent pas à leur ouvrage la vitesse qu'aujourd'hui l'on demande surtout. Ce qui manque à nos chevaux pour en faire de très-bons

travailleurs, c'est de la vigueur ; une meilleure alimentation, de meilleurs soins, sont surtout capables de la leur
donner.

Diverses conditions relatives au travail pourraient con-
tribuer à une amélioration dans l'élevage ; il y aurait
d'heureuses modifications à introduire dans le harnache-
ment et dans le mode d'attelage ; l'on aurait bien des
choses à faire pour les chemins, mais nous ne pouvons
examiner tout cela en détail.

D. *Élevage, Multiplication et Éducation.*

L'état infime de nos chevaux provient surtout de défauts graves commis dans l'élevage ; en décrivant les
habitudes de nos cultivateurs nous n'avons presque que
des vices à signaler ; l'on néglige les reproducteurs tout
comme les poulains : partout de l'incurie et une ignorance absolue des plus simples règles de l'hygiène.

Dès sa naissance le *poulain* est négligé, on le sèvre
trop tôt parce que la mère doit travailler, on ne le tient
ni proprement ni chaudement ; au contraire, on le loge à
l'endroit le plus sombre, le plus humide et conséquemment le plus insalubre de l'écurie, où on le tient à
l'attache comme un veau, au lieu de lui donner le mouvement si nécessaire à cette espèce ; on leur donne une
nourriture insuffisante, quelquefois trop artificielle,
lourde, surtout on leur refuse les grains ; l'avoine, si
nécessaire dans l'élevage par la stabulation, passe pour
nuisible et comme trop coûteuse ; cependant la nourriture à l'avoine n'est guère plus coûteuse que l'alimentation au foin. Les poulains ainsi abandonnés ne sont
l'objet d'aucun pansement, d'où non-seulement des
maladies de la peau, mais un état cachectique et la
gourme à un âge où le poulain est encore faible.

L'on emploie le cheval trop tôt et on ne lui fait subir aucune *éducation;* on le prive de caresses et on ne l'habitue pas à l'obéissance ; cependant il faudrait lui faire connaître l'homme, avec lequel il aura des rapports continuels. Au lieu d'un travail léger vers deux ans, on exige un travail complet ; prenant leur ardeur juvénile pour de la force, nos éleveurs abusent des jeunes chevaux et usent leurs membres, tandis qu'un travail entendu aurait fait des chevaux robustes.

Les soins à donner aux *juments pleines* et aux *nourrices* laissent aussi beaucoup à désirer ; souvent on les soumet à un travail trop rude, on ne leur donne pas le complément de nourriture que leur état exige, ce qui occasionne ou l'avortement, ou la cessation du lait. L'on ne choisit pas bien le moment des saillies ; l'on n'accouple pas au moment où la jument montre ses chaleurs et il est à remarquer qu'en Alsace les chaleurs ne durent que peu de temps, cinq à six jours au plus. L'on ne choisit pas toujours la saison convenable et beaucoup de juments sont saillies de manière à pouliner en automne ou en hiver, ce qui est funeste pour la mère et le petit ; souvent nos cultivateurs ne font saillir que pour faire passer un accès d'hystérie et sont très-contents s'il n'y a pas eu conception ; il en est de même de ceux qui font saillir pour éviter un état maladif et surtout la fluxion, qui alors n'agissant pas dans le but de produire, agissent sans discernement et s'adressent au premier étalon venu.

Les chevaux d'Alsace sont précoces et à quatre ans on peut sans crainte livrer une pouliche à la reproduction; malheureusement l'on accouple déjà plutôt et l'on obtient des sujets chétifs. Nous avons vu que le Haut-Rhin entretient environ 9,000 juments, soit 30 juments sur 100 chevaux tandis que la moyenne de France est de 42 p. °|₀ ; il y en a 3,800 dans l'arrondissement de Colmar, 2,200 dans celui de Mulhouse et 3,000 dans celui de Belfort. Le quart à peine de ces juments sont livrées à la reproduction, souvent quand elles sont vieilles et usées, impropres au travail. Si la production du cheval devenait bien lucrative, nos cultivateurs non-seulement élèveraient plus de juments, mais encore en livreraient un plus grand nombre à la reproduction, et au lieu de ne produire que 800 poulains par an, nous pourrions en produire presque le double, surtout si, par un bon choix d'étalons travailleurs, l'on parvenait à réduire le nombre de non-conceptions et si par des soins donnés aux juments l'on évitait les avortements. De 100 juments saillies l'on n'obtient pas chez nous, d'une manière certaine, 30 poulains ; l'on a cependant remarqué que les étalons de travail étaient plus prolifiques que ceux du haras ou que ceux de la Société hippique.

Quant aux *étalons*, un calcul fort simple nous dit qu'il faudrait au département de 30 à 40 étalons faisant la monte d'une manière régulière. Nous avons actuellement pour la monte 6 étalons fournis par l'administration des haras, 6 étalons approuvés et 4 étalons autorisés, ce qui fait 16 étalons patronnés, à peine la moitié d'étalons recommandables. Le service des étalons manquants se trouve nécessairement rempli par des étalons rouleurs, ordinairement défectueux, par des étalons soumis au travail et surtout par des poulains de trois ans à qui l'on laisse faire la monte en attendant qu'ils soient castrés. De cet emploi d'étalons trop jeunes naissent des chevaux sans énergie, facilement ruinés sur les jambes. — Il est difficile de donner le chiffre des étalons ainsi employés, il est peut-être de 150, *comme l'admettait Thierry*. Aucun des étalons de l'arrondissement de Belfort ne se trouve approuvé ou autorisé ; cet arrondissement ne reçoit non plus d'étalon du dépôt de Strasbourg ; cependant c'est une partie du département dont il importe de s'occuper, puisqu'elle est appelée à fournir de bons chevaux ; l'arrondissement de Colmar est bien mieux favorisé.

Thierry admettait qu'il suffirait de 13 étalons, dont 12 carrossiers et un de selle pour le Haut-Rhin, tandis qu'il en demandait 47 pour le Bas-Rhin. Les chiffres que nous donnons prouvent combien le directeur du dépôt de Strasbourg se trompait et combien son administration a toujours fait peu de cas de notre département. Si nous voulons un élevage suivi, il faut donc que nous nous occupions nous-mêmes de cette industrie et qu'une administration départementale se substitue à l'administration centrale, qui aujourd'hui ne nous accorde que 6 étalons et pendant longtemps n'en a même fourni que trois.

⁓⚬⧓⚬⁓

CHAPITRE II.

HISTORIQUE DES EFFORTS TENTÉS DANS LE HAUT-RHIN POUR ENCOURAGER L'ÉLEVAGE ET AMÉLIORER NOS CHEVAUX.

Avant le commencement de ce siècle, nous l'avons vu plus haut, l'on n'a que peu ou rien fait pour l'amélioration du cheval du Haut-Rhin, et eût-on fait quelque chose, que les guerres de 1814 et 1815 auraient tout détruit. A cette époque, en effet, l'on ne trouvait dans le Haut-Rhin que des chevaux chétifs, aveugles ou ruinés que les armées avaient laissés à nos cultivateurs. Le besoin de refaire les chevaux se fit naturellement sentir, et dès cette époque l'on distribua chaque année des primes d'encouragement aux propriétaires, sur les fonds du

Gouvernement, aux plus belles juments de selle et de trait, et sur les fonds du département pour les plus belles pouliches de deux ans et au-delà, et pour les plus belles poulinières. Plus tard il n'y eut qu'un crédit de 4000 fr. accordé sur les fonds du département, dont 1000 francs pour les étalons et 3000 francs pour les juments et leurs produits. Trois concours avaient lieu par an dans chacun des trois arrondissements. — L'administration des haras ne fournissant que peu d'étalons au Haut-Rhin (Il y en avait 9 en 1820, dont 3 à La Chapelle, 4 à Colmar et 2 à Cernay), l'on dut aussi, dès ce moment, accorder des primes aux propriétaires de bons étalons de trait faisant la monte; enfin l'on crut aussi devoir établir des courses au trot, où l'on distribuait jusqu'à 5,000 francs de prix.

Cet état des choses dura jusque vers 1839; tout l'argent dépensé par le département était absorbé par les mêmes propriétaires; les petits cultivateurs ne pouvaient pas participer aux bénéfices de l'encouragement. Ces primes étaient trop peu nombreuses; 4 à 5,000 francs pour tout le département étaient enlevés par les riches propriétaires, non obligés de ménager les fourrages. En outre, ce système, appliqué pendant des années, n'avait pas provoqué d'amélioration sensible; plus de 100,000 francs donnés en primes n'avaient eu que peu ou point d'effets; les étalons qu'on primait ne corrigeaient pas les nombreux défauts de nos juments, et l'armée ne trouvait pas plus à acheter chez nous que par le passé. L'on dut donc rechercher un moyen plus efficace, et comme l'administration des haras continuait à ne fournir que peu d'étalons et surtout des étalons légers, tandis que la tendance de nos cultivateurs était de produire des chevaux de trait, toujours utilisables et d'une vente facile, l'on se décida à supprimer les concours pour l'espèce chevaline et à acheter de bons étalons qu'on placerait dans un rayon de communes. L'on se décida pour le percheron qui, à cette époque, était déjà comme aujourd'hui le type du cheval de trait léger; on crut qu'il convenait le mieux à nos juments et au besoin de notre pays, en fournissant les chevaux qu'occupe le train d'artillerie. M. Reech, vétérinaire à Colmar, avait provoqué cette décision et en 1840 le Conseil général, sous l'administration de M. Bret, préfet toujours intéressé aux améliorations agricoles, décida de consacrer la somme de 3,000 francs qui était celle que le département dépensait pour les prix, à des primes pour étalons percherons.

Aucun sujet ne s'étant présenté pendant deux ans, l'on se décida à faire l'acquisition de trois étalons percherons pour ladite somme de 3,000 francs ; M. Reech fut chargé de cette mission. Arrivé un peu tard dans le Perche, restreint dans les prix, il ne put prendre ce qu'il y avait de plus beau et qui certes eût le mieux convenu; il amena cependant trois chevaux dont on trouve encore aujourd'hui d'excellents rejetons. On les concéda gratuitement à trois cultivateurs, à condition qu'ils les entretiendraient en bon état, ne faisant saillir que 50 juments, lesquelles devaient préalablement être visitées par les membres d'une commission nommée *ad hoc*. Comme les chevaux étaient concédés gratuitement, l'on pouvait exiger la rigoureuse exécution des clauses du cahier des charges et les chevaux restaient la propriété du département.

Cependant dès l'année suivante l'on changea de méthode ; les chevaux introduits en 1843 et plus tard furent vendus à de très-bons prix, mais en devenant entre les mains des propriétaires une machine d'exploitation et non d'amélioration. Ces propriétaires ne pouvaient plus être rigoureusement surveillés et ils faisaient saillir toutes les juments qui se présentaient, pour rentrer dans le capital déboursé. Ajoutons que ces achats, faits par l'intermédiaire d'un marchand de chevaux, laissaient aussi beaucoup à désirer. En 1845, il y avait dans le département, outre les quatre étalons royaux de Colmar, dix percherons achetés par le département, dont 1 à Andolsheim, 2 à Guémar, 1 à Ostheim, 2 à Oberentzen, 1 à Ensisheim, 2 à Altkirch et 1 à Aspach-le-bas.

On cessa vers 1845 l'introduction d'étalons pour acheter des juments percheronnes; l'on espérait ainsi se procurer un reproducteur percheron déjà acclimaté; l'on avait vu le cheval percheron cosmopolite, l'on croyait que la race l'était aussi; cela ne fut pas et les produits de ces juments ont en général bien vite dégénéré parmi nous, parce qu'ils ne recevaient pas, comme dans le Perche, de l'avoine à pleine crèche. L'on acheta en deux fois vingt-quatre juments percheronnes, qui furent vendues avec bénéfice et qui sont allées dans tout le département. Cet achat fait par les soins de M. le baron de Heeckeren, donna quelques bons chevaux; mais comme la voie d'amélioration par les juments est toujours longue et que la moitié de ces juments seulement se montra bonne poulinière, on dut abandonner ce système et revenir à des achats d'étalons percherons; c'est ce qui fut fait en 1851 et 1853, encore par les soins de M. de Heeckeren : on acheta sept étalons qui restèrent encore dans l'arrondissement de Colmar. En 1855 il y avait dans le département huit étalons approuvés dont six dans l'arrondissement de Colmar (cinq de trait) et un dans chacun des deux autres. Ces étalons péchaient cependant par un excès de taille, d'où beaucoup de produits décousus et surtout moins de sympathie de la part des éleveurs.

Les évènements de 1848 avaient fait négliger la question chevaline ; une commission hippique devait se former pour choisir les étalons à autoriser, conformément à un arrêté ministériel ; les étalons autorisés par cette commission locale pouvaient seuls être approuvés par l'administration des haras. Mais cette commission ne se réunit pas et on chercha vainement à l'organiser en 1850 ; l'on ne parvint pas à reconstituer le service des étalons départementaux, les concessionnaires ne correspondaient plus avec l'administration et en 1852 l'on dut supprimer le service des vétérinaires d'arrondissement, que jusqu'à cette époque on avait chargé de surveiller les reproducteurs.

M. de Heeckeren, toujours le premier à stimuler la production chevaline dans le département, mit vers 1857 à St.-Louis deux beaux étalons anglo-normands, à lui appartenant ; à cette époque, sur sept étalons approuvés il y avait cinq de demi-sang, plus ou moins fins. Après un long calme l'on était venu à l'opinion de l'administration des haras, qui croit tout améliorer par l'emploi du cheval de sang ; mais on revint de cette idée pour reprendre le reproducteur, cheval de trait.

Durant ce temps, *l'administration des haras* continuait de fournir un petit nombre d'étalons, et modifiait fréquemment ses stations ; en 1838 il y avait dans le département huit étalons royaux à Colmar, Belfort et Altkirch, en partie carrossiers, en partie pur sang ; en 1842 nous en trouvons trois à Colmar et quatre à Lachapelle ; de 1845 à 1847 il n'y eut dans le Haut-Rhin que trois étalons royaux, tantôt à Colmar, tantôt à Dannemarie ; en 1852 il y en eut huit dont 2 à Belfort, 3 à Dannemarie et 3 à Colmar ; à cette époque le dépôt de Strasbourg fournissait quatre étalons de trait et autant de démi-sang carrossier et paraissait comprendre les vrais besoins de notre département. Mais ce genre d'étalons ne fut pas maintenu, on retourna au demi-sang carrossier, de sorte que depuis 1859 nous recevons 6 à 7 étalons, dont 2 ou 3 à Horbourg, 2 à Ensisheim et 2 à St.-Louis; l'on a laissé l'arrondissement de Belfort tout-à-fait de côté. L'administration des haras a laissé à notre Conseil général la charge des dépenses d'installation et de logement de ces étalons, pour lesquels est voté un crédit de 500 francs depuis 1862.

L'administration des haras par ses stations dans le Haut-Rhin a laissé quelques traces; ses produits ont souvent des formes distinguées, mais ils pèchent par l'harmonie de ces formes. La jument du pays et l'étalon des haras sont trop disparates pour donner un produit présentable; le produit prend souvent le corps volumineux de la mère et l'avant-train léger du père, qui parait alors grèle; c'est un mélange incohérent des caractères du père et de la mère, en un mot un produit décousu. Dans les localités où l'administration des haras a le mieux produit, dans le canton d'Andolsheim, par exemple, on peut leur faire le reproche d'avoir produit une foule de chevaux qui ne sont pas de luxe et non plus de travail, et qui souvent valent beaucoup moins que s'ils étaient de race tout-à-fait commune. Encore cette administration, en s'occupant très-peu de nous, en ne nous accordant, surtout dans les derniers temps, que des carrossiers ou des chevaux de volume, n'a-t-elle pas formé chez nous ces chevaux légers, grèles de membres et décousus, manquant quelquefois de force pour les travaux soutenus, dont se plaignent, non sans raison, quelques agriculteurs du Bas-Rhin. Avec les bonnes juments, les haras ont produit d'assez bons chevaux; c'est ce dont on peut s'assurer autour de Horbourg et depuis quelque temps autour de St.-Louis ; l'on a obtenu de beaux individus, mais l'on n'a pas modifié la race, conséquemment il n'y a pas eu le résultat proposé, quoique les tentatives aient duré plus de cinquante ans.

En 1859 fut fondée la *Société hippique,* sur les instances de M. de Heeckeren qui en devint président; elle se constitua d'un grand nombre d'agriculteurs et d'amateurs qui, par une cotisation annuelle de cent francs, ajoutée à la subvention votée par le Conseil général, aidée des subventions que l'administration des haras donne aux étalons approuvés, se mirent en mesure de disposer d'une somme assez considérable pour continuer sur de bonnes bases les essais inutilement tentés. La Société hippique voyant qu'avant tout il fallait créer des juments, employa les chevaux de trait comme reproducteurs ; elle crut notre race trop inférieure pour qu'on puisse employer le Percheron ou le Normand. Imitant ce qui se fait en Suisse, en Comté et dans une portion de notre département, elle eut recours à des étalons du Jura suisse, de la race de Delémont, si sympathique à nos cultivateurs. Elle acheta, en 1859, quatre étalons qui furent placés dans les environs de Mulhouse, à Burtzwiller, où ils étaient soumis au régime des haras, c'est-à-dire ne travaillaient pas hors de la saison de la monte. A cette époque les étalons, après un stationnement de quelques jours à Burtzwiller, allaient faire des stations d'un mois environ dans différents centres de production. Deux s'en allaient du côté de Feldbach et de Dannemarie, desservant les cantons de Ferrette, Hirsingue, Dannemarie et Altkirch, tandis que les deux autres desservaient le canton de Cernay et une bonne partie de l'arrondissement de Colmar, par les stations d'Aspach-le-bas, Rouffach et

Colmar (autrefois encore Soultz et Neuf-Brisach). En 1861 la Société ayant dû remplacer un de ses étalons, acheta un beau petit cheval assez étoffé de la Harth, issu d'une jument du pays tenant quelque peu du percheron et d'un étalon demi-sang du dépôt de Strasbourg; cet étalon de demi-sang se ressent du régime maigre qu'il a suivi pendant son jeune âge; il fait la monte dans l'arrondissement de Colmar. Nous ne dirons rien sur les autres individus, dont un laisse bien à désirer.

Ces étalons, pendant leur séjour à Burtzwiller ou à leurs stations, devaient être fréquemment visités par les membres de la Société. Les saillies rapportaient 4 francs par jument; cette somme, dans les vues de la Société, devait être réservée à des primes, judicieusement décernées aux meilleurs produits des juments saillies par ces étalons, tout en excluant de la saillie les juments jugées impropres à la reproduction.

Dans les idées de Société hippique il y a beaucoup de bon, les tendances du pays ont été prises en considération et comme cette institution utile opère encore de nos jours, quoique trop faiblement, nous devons examiner ce qu'elle fait, sa manière d'opérer et ses résultats.

1° La manière d'entretenir les étalons de la Société hippique est dispendieuse ; ces chevaux ne gagnent pas même leur nourriture ; s'ils travaillaient, ils seraient plus prolifiques : il serait plus économique de les confier à des cultivateurs. 2° Les étalons ne sont pas assez nombreux ; depuis 1859 l'on aurait dû en acheter de nouveaux; ils sont bien goûtés de nos cultivateurs ; dans chaque saison ces étalons comptent près de cent juments saillies et ils sont constamment obligés d'en refuser. Ce n'est pas le bon marché des saillies qui les fait préférer, mais bien le goût de nos cultivateurs pour les reproducteurs de trait.

3°. Ces étalons ne restent pas assez longtemps dans leurs stations ; beaucoup de juments des localités desservies sont obligées de chercher des étalons ailleurs. Il vaudrait mieux qu'ils restassent dans la même localité, pendant toute l'époque de la monte. 4° En intervertissant quelquefois l'ordre des stations, l'on a aussi commis des fautes graves, en ce que des juments n'ont pu être présentées à l'étalon au temps voulu après la mise bas. 5° Les membres de la Société n'ont pas suffisamment augmenté leur nombre de reproducteurs, et des points importants du département ne sont pas desservis. 6° Il faut à l'étalon une bonne jument pour donner de bons produits ; il produit bien dans la station de Dannemarie ou de Feldbach avec les juments comtoises ou d'origine comtoise, dont il corrige très-bien les défauts essentiels ; mais hors de là il ne marque pas, il ne *race* pas, comme disent les hippologues, et dans l'arrondissement de Colmar ils ne donnent pas de produits nets et ne modifient pas, comme l'ont fait les percherons, la partie supérieure, le dos et les reins ; le garrot reste bas et le produit est la reproduction trop fidèle de la mère.

La Société hippique, avec ses efforts trop restreints, relativement aux moyens dont elle dispose, a fait du bien. Tout le monde peut constater une amélioration dans les localités desservies régulièrement, notamment du côté de Feldbach, Dannemarie et Cernay. M. Risler a constaté ce résultat dans son mémoire sur l'agriculture du Haut-Rhin (Bulletin de la Société d'agriculture, nov. 1862). La voie ainsi entamée est celle qu'il faut suivre, les circonstances s'y prêtent aussi bien que les intérêts de nos éleveurs.

Ajoutons que depuis quelques années, par les soins de l'administration des haras, en vertu d'un décret de 1860, il est accordé des primes aux étalons approuvés; ces primes, établies depuis 1861, sont de 300 à 500 fr. pour un étalon de trait, de 400 à 1,000 fr. pour un étalon de demi-sang. Le Haut-Rhin a reçu, pour la monte de 1861, une somme de 2,100 fr. dont 900 fr. sont revenus à la Société hippique; en 1862, 2,400 fr. pour 7 étalons dont 900 fr. à la Société et, enfin en 1863, 2,300 fr. pour 6 étalons dont 1,000 à la Société hippique. Trois étalons de cette Société ont toujours été approuvés, le quatrième seulement autorisé, non sans raison.

Quant aux autres encouragements, tels que des prix donnés à l'élevage du cheval, ils ont été nuls depuis l'introduction des premiers étalons percherons; l'espèce chevaline ne figurait plus nulle part dans les concours de la Société d'agriculture et des comices; depuis deux ans cependant, le comice de Cernay et celui de Belfort ont disposé d'une certaine somme, obtenue par souscription, pour cet animal auxiliaire; le comice de Mulhouse se propose d'en faire autant à son prochain concours; néanmoins les sommes dont disposent ces associations sont très-faibles pour avoir un effet réel. — Aucune prime de l'État n'a été encore décernée chez nous à des juments.

Si maintenant nous récapitulons tout ce qui a été fait dans le Haut-Rhin, nous pourrons dire que ce par quoi l'on a surtout péché dans les essais tentés avec des reproducteurs, c'est par le manque de patience, de persévérance dans la voie entamée. Peut-être n'a-t-on pas suffisamment dessiné le but à atteindre et conséquemment les plans à suivre. En général il y a eu beaucoup de négligence, de manque d'attention dans toutes les opérations. L'industrie chevaline étant avant tout une opération agricole, il faut qu'elle soit aidée par les circonstances : il lui faut uniquement du temps.

CHAPITRE III.

AVENIR DE L'INDUSTRIE CHEVALINE DANS LE HAUT-RHIN.
VOIES A SUIVRE POUR PROGRESSER.

Le département du *Haut-Rhin doit-il élever des chevaux ?* ou bien faut-il, comme dit M. *Samson*, l'auteur de l'article Cheval d'Alsace du Livre de la ferme (p. 511), renoncer tout-à-fait à cet élevage et employer le peu de ressources fourragères dont les cultivateurs peuvent disposer, au bon entretien des animaux nécessaires pour leurs travaux et acheter dans les pays mieux favorisés ? En effet beaucoup de localités ne sont pas aptes à produire le bon cheval, non pas cependant par manque de fourrage, mais parce que celui-ci manque de qualité et qu'elles feraient mieux de se livrer à l'industrie du bœuf et, si c'est possible, aux cultures lucratives du tabac et du houblon, etc. Mais comme le goût du cheval existe chez nos cultivateurs, comme un cheval indigène et déjà acclimaté est toujours préférable à un cheval importé, nous croyons que l'industrie chevaline a sa raison d'être, même chez nous. Il ne faut pas admettre qu'il n'y a d'institutions dans un pays que celles qu'il a acceptées ou subies: une pareille opinion toucherait au fatalisme, elle nierait le progrès et toute force morale. Le Haut-Rhin produisant des chevaux, est susceptible de produire du bon quand ses habitants le voudront bien. Nous avons constaté qu'il produit moins qu'autrefois, mais ce n'est pas un mal ; ce n'est pas par le nombre de chevaux qu'un pays se distingue, c'est par la qualité des chevaux fournis. *Produisons peu, mais produisons bon,* tel est le principe qu'il faut faire valoir chez nous. La production du bon cheval n'est nullement ruineuse ; l'industrie chevaline est toujours une bonne opération agricole, si le cheval produit est facilement demandé et s'il est produit par des moyens économiques. Nous aurons dans le Haut-Rhin de grandes difficultés, il faudra surtout de grands progrès dans nos systèmes agricoles; chez les cultivateurs malaisés, qui laisseront toujours leurs animaux dans un état de misère, nos efforts resteront encore quelque temps infructueux, parce qu'il est impossible de faire changer la position de ces cultivateurs; mais ce n'est pas un motif pour ne pas agir; nous réussirons avec un but et de la patience. Le but se trace en consultant la science, en étudiant nos ressources agricoles, en étudiant les modes d'élevage d'autres pays, en se fondant surtout, si c'est possible, sur un certain nombre de données d'expériences. L'amélioration d'une race ne doit jamais être une affaire de hasard, mais toujours le résultat d'un jugement et, s'il est possible, d'un jugement compréhensible par l'éleveur lui-même. Il faut donc aussi, pour réussir, l'instruction des masses et surtout la mise en usage de ses pratiques, qui suppléera le raisonnement basé.

Quel genre de cheval le Haut-Rhin peut-il fournir ? telle est la question qui se pose dès le premier moment. Nous l'avons dit, nous ne pouvons répondre par notre production à tous les besoins locaux; nous ne pouvons produire les chevaux de gros trait pas plus que les chevaux de luxe, mais nous pouvons espérer produire chez nous de bons chevaux de trait ordinaire. Nous pourrons même produire un cheval propre à traîner à des allures assez rapides, des fardeaux assez lourds, c'est-à-dire de ces chevaux de trait léger, si demandés aujourd'hui, tant pour desservir les gares des chemins de fer, que par les particuliers qui demandent plus de vitesse qu'autrefois. L'agriculture elle-même, dans ses progrès, demande

plus au cheval qu'autrefois ; destiné à remplacer les
bœufs, livré plutôt à l'engraissement, le cheval d'agriculture devra soutenir plus longtemps les travaux rendus
plus fatigants par les nombreuses machines perfection-
nées. Il faut plus de fonds et conséquemment un cheval
amélioré ; il faudrait produire un cheval analogue à ceux
que consomme l'artillerie et que l'administration de la
guerre a confié à nos cultivateurs.

Nous ne pouvons créer chez nous le cheval d'attelage
que les haras créent partout, mais bien le cheval de trait
si demandé et qui ne coûte pas si cher, celui qui répond
à tous les besoins créés par l'industrie, celui dont la
France peut être fière de posséder les plus beaux types.
Que nos cultivateurs produisent les chevaux qui leur
conviennent le mieux pour leurs travaux, ce sont ceux
que la société demande le plus pour ses besoins. La tendance du Haut-Rhin fut toujours de produire des chevaux
de trait, peut-être surtout à cause du manque périodique
de fourrage que l'on observe dans quelques régions ; le
cheval de trait est toujours vendable et dans un moment
de pénurie de fourrage, l'éleveur ou le cultivateur trou-
verait toujours pour son cheval de fatigue un prix qu'il
n'aurait pas obtenu d'un cheval fin. Manquant dans un
avenir prochain de tout pâturage, mais pouvant aussi
nourrir abondamment, grâce à plus de prairies, et donner de l'énergie par de l'avoine, nous devons créer une
race analogue à celle du Perche, de la Bretagne, de la
Lorraine, du Jura suisse. Cependant nous ne pouvons
espérer d'obtenir quelque chose de fin ; il est probable
que l'exercice, l'avoine et les bons soins manqueront
encore longtemps, et que par conséquent en maint endroit nous ferons encore des chevaux communs ; surtout
parce que chez beaucoup de cultivateurs il y a encore

un état profond de misère. Pour arriver à ce résultat, il faut donner à nos chevaux du Haut-Rhin de l'énergie, de la vigueur,; nous avons vu en étudiant les ressources de notre département que les moyens ne manquent pas, et que pour en user avantageusement, il faut surtout de la bonne volonté. Il faut à la fois encourager l'élevage du cheval dans des bornes utiles et tout en encourageant obtenir les améliorations nécessaires.

Nous ferons surtout remarquer que les *moyens d'amélioration* autres que la voie des reproducteurs, sont tous aussi importants pour avancer. M. Yvart disait que « des aliments en plus grande abondance et de meilleure qualité, un peu de ménagements dans le travail….. le bon entretien des chemins, etc , peuvent faire plus pour la prospérité de la race chevaline que l'emploi de nouveaux étalons. » Il faut donc, pour marcher avec le progrès, mieux appliquer l'hygiène, mieux nourrir. — Nous ne pouvons pas modifier le climat qui, nous l'avons vu, est favorable à une bonne éducation, mais nous pouvons mieux soigner les poulinières et leurs produits, ne pas user de nos chevaux à un âge trop tendre, leur donner une éducation et plus de soins moraux et matériels. Nous pouvons assainir les écuries et donner une alimentation plus substantielle; nous pouvons surtout développer la culture de l'avoine, afin que l'on puisse en donner aux poulinières et aux élèves. C'est là un point essentiel pour arriver, dans notre département, à produire une race de quelque valeur. — Tout cela a été indiqué quand nous avons étudié les ressources du département, il n'y a donc pas lieu d'insister.

Par les *reproducteurs* nous parviendrons cependant aussi, surtout avec de la patience, à améliorer nos chevaux ; mais c'est ici surtout qu'il faut de la prudence et du jugement. M. Tisseraut comparait ce facteur de races à « une arme à deux tranchants qu'il faut manier avec prudence de peur de blesser par le côté que l'on voulait ménager.» Que de races l'on a gâtées en voulant améliorer; c'est là le grand reproche que l'on peut faire à l'administration des haras, qui certainement avait toujours de bonnes intentions. La voie de génération est le facteur de races qui agit le plus immédiatement et dans le sens le plus direct; les caractéres distinctifs des parents sont héréditaires et passent aux descendants; les qualités paraissent cependant se communiquer moins facilement que les défauts.

Est-ce par la voie du père ou par la mère que doit entrer, dans notre race du Haut-Rhin, l'élément améliorateur? Le *père* surtout doit être améliorateur et la jument doit être du pays et de la race à améliorer, tout en étant bien choisie. La mère donne la conformation générale, la taille et en un mot les appareils de la vie organique (de la nutrition), conséquemment le tronc et le train postérieur; tandis que le père influe plus particuliérement sur les siéges de l'activité morale, donne l'ardeur et la puissance musculaire, l'éducabilité; il donne la forme de la tête (centres nerveux) et influence beaucoup sur les organes pectoraux, par conséquent sur l'avant-train. L'influence du père est donc physiologiquement la vraie amélioration, d'autant plus qu'il produit d'une manière plus fidèle les caractères de sa race. Au point de vue économique, il y a encore plus de raisons plausibles pour le mâle qui donne pour le moins 30 à 40 produits améliorés, tandis qu'une femelle n'en donne pas même un d'une manière certaine; la jument étant déjà acclimatée, les produits seront moins susceptibles que si la mère était étrangère. Dans le Haut-Rhin, nous l'avons vu,

4

on a essayé à la fois l'amélioration par les mâles et par
les femelles, et celle par les mâles seule a donné quelque
résultat.

*Faut-il améliorer chez nous par croisement ou par
sélection?* Le *croisement*, c'est-à-dire l'emploi d'une race
différente est une question délicate et qui demande une
surveillance assidue ; les difficultés à vaincre sont d'autant
plus grandes qu'il y a plus de disparat entre les deux
races à appareiller. L'on a dans un temps fait des excès
avec le croisement des races; l'on a cru arriver à n'avoir
plus que ce qu'on appelle cheval de sang, conséquemment
un cheval idéal, et l'on n'a pas considéré qu'on créait
ainsi un cheval n'ayant pas de débouché chez nous, et
d'un prix de revient considérable. On a voulu créer un
cheval propre à tout, et l'on est quelquefois arrivé à un
cheval apte à rien. Les cultivateurs, et surtout ceux qui
raisonnent et calculent, ne se sont pas laissé prendre par
cette doctrine, et obéissant à leur situation, consultant les
intérêts locaux; ils ont persévéré à faire ces chevaux de
trait qui font, aujourd'hui, le juste orgueil de la France ;
ils n'ont pas écouté les conseils d'une administration
étrangère aux localités. Appliqué chez nous, le croisement n'a fait que d'assez tristes sujets ; en effet nos juments sont trop communes et l'on n'a obtenu que des
sujets décousus, manquant d'harmonie, où des caractères
opposés, des défauts, passaient en entier dans le produit,
quelquefois en s'exagérant.

La *sélection* aurait-elle plus d'avantage? Oui, si l'on
pouvait trouver chez nous des étalons bien soignés, ayant
le type de la race à produire ; mais les étalons non affec-
tés de vices héréditaires, les étalons non épuisés sont
presque introuvables dans la majeure partie du Haut-Rhin;
tout au plus en trouve-t-on dans la variété de Delle où

ils sont en effet préférés, par les éleveurs, à tout autre étalon. L'on ne peut donc que rarement avoir recours à la sélection proprement dite, et pour ne pas tomber dans les difficultés du croisement il faut avoir recours à l'amélioration par une race similaire, c'est-à-dire appareiller nos juments avec des étalons ayant les caractères que nous voulons donner à nos chevaux du pays. Il faut donc appareiller avec des chevaux de trait ; l'administration des haras nous dit qu'un étalon de trait est ordinairement commun et le produit du hasard, qu'il ne transmet pas ses qualités; cela est un peu vrai. Dans les localités qui produisent les meilleurs chevaux de trait, le haras ne pouvant donner sa dose de sang anglais, a abandonné tout l'élevage à l'incurie des éleveurs, de là beaucoup de chevaux de hasard ; mais cela ne sera plus quand chaque département aura sa Société hippique et que l'Etat favorisera également tous les pays de production et ne réservera plus ses faveurs à la production du cheval de luxe ; alors on pourra facilement améliorer, par des étalons de trait, les races qui en ont besoin, et aujourd'hui déjà l'on peut avoir de bons résultats en choisissant bien le reproducteur. D'abord l'étalon améliorateur ne doit pas donner à ses produits des formes spéciales, diamétralement opposées à celles de la race à améliorer; il ne doit pas se substituer à cette race, mais bien donner un produit répondant à ce que le pays peut produire et n'ayant pas tous les défauts. Si la sélection ne donne pas à ses produits des caractères bien tranchés; si, dès la première génération, l'on n'a pas obtenu avec elle des sujets ayant les caractères du reproducteur, au moins donne-t-elle à ses produits un cachet qui leur restera éternellement, qui leur devient propre quand même l'on changera de race amélioratrice ; c'est un résultat que le croisement ne donne pas et qui certes est le plus important.

L'étalon doit donc être d'une race de trait ; il doit avoir les conditions absolues d'âge, de parfaite santé et de conformation. Sous ce dernier rapport il doit avoir les qualités susceptibles de corriger les défauts de la mère ; ces qualités ne doivent pas seulement appartenir à l'individu, mais être l'apanage de la race ; celle-ci doit être ancienne et à caractères bien définis. Nous demandons pour le Haut-Rhin un cheval bien carré, court, ramassé, bien muselé, pas trop grand (taille égale à la moyenne des chevaux mâles de la race à améliorer, 1^{m}55^c), des épaules bien obliques, un garrot bien sorti, le dos et les reins droits et courts, la croupe droite, les côtes bien rondes, les cuisses et les avant-bras forts et bien musclés, les articulations larges, les tendons libres, de bons sabots.

De ce que nous avons trouvé plusieurs variétés de chevaux dans notre département, il en résulte qu'on ne peut admettre pour toutes ces variétés un type unique d'améliorateur ; examinons, en faisant entrer en compte les conditions essentielles d'un améliorateur, et en ayant foi au progrès agricole, ce qu'il convient de faire dans chaque région de notre département :

Dans la partie française où l'on a des chevaux comtois, il convient d'imiter ce qui se fait en Comté et notamment dans la Haute-Saône, ou bien ce qu'a fait le canton de Delle, ce qui serait préférable, afin d'avoir une variété uniforme dans toute la partie méridionale du département. Dans la Haute-Saône on a d'abord croisé avec le percheron et une fois qu'on avait obtenu des poulinières capables, l'on s'est adressé à l'anglo-normand ; nous ne voyons pas, pour la région du Haut-Rhin, la nécessité de croiser avec une race non acclimatée et croyons qu'on ferait bien de s'adresser au cheval de Delémont qui a déjà fait de bonnes preuves dans le canton voisin et même

dans quelques localités du canton de Belfort. Il a surtout
eu pour effet de faire disparaitre les membres grêles, le
défaut le plus marquant de la race comtoise, que le percheron n'a pas su enlever et que l'on espère, en Comté,
faire disparaitre par l'emploi du normand. Dans une
grande partie de cette région l'on engraisse bien le bœuf,
et le cultivateur fera bien de suivre ce bon exemple.

Dans le rayon jurassique (Delle, Dannemarie et Ferrette) où nous avons constaté une marche progressive,
nous conseillons la sélection ou du moins l'emploi du
cheval du Jura suisse, qui est le type de cette race nou-
velle qui s'identifiera avec lui. Qu'on choisisse de bons
reproducteurs ayant les conditions de taille et de conformation voulues et l'on arrivera à produire une race d'un
bon rapport. Qu'on choisisse surtout de bons membres
bien musclés, un bon garrot, une bonne croupe et de
bons sabots; si la tête reste un peu grosse, on pourra
corriger plus tard ce défaut moins essentiel. Dans les
cantons de Ferrette et de Dannemarie, deux des étalons
de la Société hippique ont donné de bons produits; qu'ils
continuent à fréquenter ces localités. L'étalon percheron
ferait du mal à cette variété de chevaux ; c'est du moins
ce qu'on a observé, il y a une trentaine d'années, dans le
pays même de Porentruy et de Delémont; c'est pour
cela que l'arrondissement de Belfort n'a jamais voulu
d'étalons percherons et a toujours préféré les étalons du
pays ; c'est peut-être parce qu'il ne corrige pas assez les
défauts de la musculature.

Dans le Sundgau, c'est-à-dire dans les cantons d'Altkirch, de Landser, de Mulhouse et de Habsheim, nous
aimerions voir cesser tout élevage de cheval ; qu'on y
soigne mieux les bêtes bovines, qu'on apprenne à les
engraisser économiquement, il y aura là un résultat éco-

nomique bien plus avantageux que celui que l'on obtient
de l'élève du cheval. Si nos cultivateurs tiennent à acheter des poulains de la Suisse et de la Comté (mode qui
n'est pas exclusive au Sundgau), qu'ils imitent l'exemple
de la Beauce, c'est-à-dire qu'ils les améliorent par une
plus forte alimentation, à base d'avoine, et qu'ils ne les
soumettent qu'à un exercice modéré; alors ils auront de
leurs produits un prix rémunérateur. Les poulains importés sont inférieurs à la variété locale, et dès-lors ils
paient leur nourriture par le travail fourni et la plus value
acquise; en outre ils laissent à l'éleveur du fumier.

Dans la plaine de Blotzheim nous voudrions voir employer la méthode que nous indiquerons pour la race
d'Andolsheim. — L'élevage dans les vallées est trop
restreint pour y introduire un reproducteur particulier ;
que ces vallées se livrent aux riches cultures, à l'industrie
des fromages et qu'elles achètent les chevaux de la
la Lorraine, et certainement elles feront plus d'économie
qu'en élevant un produit aussi délicat que le cheval.

Pour la Harth, l'on a conseillé à plusieurs reprises
l'emploi du sang oriental, pour y former le cheval léger
que ces localités demi-stériles ont beaucoup de facilité à
produire ; certes nous serions de cet avis si ces régions
étaient condamnées à rester ce qu'elles étaient. Aujour-
d'hui déjà la culture y a fait des progrès, et grâce aux
prairies artificielles le cheval de la Harth, nous l'avons
dit, a perdu de son cachet de race, de nature ; il s'est
arrondi et a pris un peu de taille ; que deviendra-t-il si,
avec des irrigations, l'on parvient à faire ces plaines plus
productives et si l'on y cultive l'avoine encore si rare dans
notre département? Nous avons la conviction qu'il ne se
passera plus beaucoup d'années que des prises d'eau faites
au Rhin ou au canal donneront l'humidité bienfaisante à

ces localités ; déjà cette question a frappé quelques personnes influentes de notre département, et alors avec
l'ardeur et la bonne volonté des cultivateurs de cette
région, l'on aura produit un pays qui ne le cédera guère
au riche canton d'Andolsheim. L'on aurait donc tort de
commencer pour cette région une opération qu'il faudrait
modifier plus tard et nous croyons que dès maintenant,
malgré le manque de fourrages, il faut opérer ici comme
pour le canton d'Andolsheim. Le cheval léger n'a d'ailleurs que peu d'emploi et conséquemment peu de valeur.

La méthode d'amélioration des chevaux du canton
d'Andolsheim est, nous l'avons dit, celle à adopter dans
toutes les parties du département non voisines du Jura
suisse ; ici la sélection est impossible, les meilleurs sujets
sont trop mal conformés, il faut donc recourir au croisement par une race similaire. L'emploi de l'étalon suisse,
même du Jura, n'a pas donné de bons résultats ; il ne
corrige pas les défauts de la mère, quand même il est
bien choisi ; il ne marque pas dans le descendant ; il
agit trop par la race, par atavisme, et non individuelle-
ment.

Le *percheron* a été à l'essai chez nous, et quoique les
tentatives faites ne soient pas exemptes de critique, les
résultas obtenus ont été assez bons ; nous trouvons de
bons rejetons des quelques étalons introduits, mais ils
sont rarement exempts de défauts graves. Ceux des derniers rejetons ont une tête un peu lourde, l'encolure
grêle, pêchent par les membres et ne sont pas doués de
toute l'énergie voulue ; cependant ce sont de bons travailleurs, supportant la fatigue et trottant plus facilement
que les chevaux indigènes. Il ne faut pas croire que dès
les premiers appareillements l'on créera chez nous une
race identique au percheron ; le cheval percheron est

eosmopolite mais la race ne l'est pas; il ne faut pas s'attendre à voir par le croisement avec le percheron le résultat qu'on obtient par le croisement avec le cheval de sang; comme il n'est pas aussi disparate, l'on ne peut retrouver ses caractères complètement dessinés dans le produit; nous ne voulons pas de substitution de race et ne voulons qu'améliorer petit à petit nos chevaux alsaciens et leur faire avoir de la valeur. En attendant, l'emploi du percheron n'a pas eu de résultats fâcheux, et s'il n'a pas eu tout l'effet possible, c'est qu'il faut dire que le cheval percheron, habitué à une ration succulente, ne l'a plus trouvée chez nous; l'on a péché contre l'une des règles qui doit guider dans le choix des reproducteurs. Ensuite l'on a pris des étalons de trop grande taille, manquant de légèreté et surtout grands mangeurs.

Le percheron a été employé de 1844 à 1854 dans la Haute-Saône, et M. Trélut, vétérinaire à Vesoul, inspecteur des étalons départementaux, nous écrit qu'il a donné quelques bonnes poulinières. « Les juments comtoises étaient trop défectueuses et les produits conservaient, de leurs mères, la croupe avalée, la tête grosse et les membres grêles depuis les genoux et les jarrets. La ligne supérieure était celle du père, ainsi que l'expression; les avant-bras et les cuisses étaient plus fournis, le dos et les reins se sont relevés et le garrot est sorti. » Certes voilà un bon résultat en assez peu de temps, et si dans la Haute-Saône on a obtenu ce résultat, pourquoi ne l'obtiendrions-nous pas avec nos juments alsaciennes qui, en moyenne, n'ont pas autant de défectuosités que les comtoises. C'est le percheron qui est préféré en Lorraine comme reproducteur et les départements de la Meuse, de la Moselle et de la Meurthe fournissent de meilleurs chevaux de trait

que quand ils employaient les étalons belges ou ardennais. « L'emploi de l'étalon percheron, du breton, que
plusieurs conseils généraux ont introduits dans leurs
départements, a créé de très-bons chevaux, dit M. Magne;
nous avons dans l'Ouest, dans le Sud-Ouest, dans le
Nord, dans l'Est et dans le centre de la France d'excel-
lentes races qui se forment. » Presque tous les pays de
l'Europe viennent acheter à de hauts prix des types percherons comme améliorateurs de leurs chevaux de trait.
Puisque notre département doit produire des chevaux
de trait, prenons le reproducteur possédant au plus haut
degré les qualités du trait, celui qui joint de la vitesse à
la force; *prenons le percheron*. Il n'y a contre l'emploi
du percheron comme améliorateur que la non-réussite
signalée et qui provient de la différence de régime entre
le pays de production et le nôtre. C'est une objection d'un
grand poids et qui, à première vue et pour l'état actuel,
ferait pencher la balance en faveur du breton qui est
plus sobre, plus rustique que le cheval du Perche.

Le vieux *breton*, non modifié par les haras, celui qui
est court et trappu, à musculature saillante, celui qu'on
admirait aux diligences et que nous voyons faire de si
bons services dans l'artillerie, conviendrait probablement
à nos juments et plairait à nos cultivateurs; mais l'on
n'en a pas encore fait l'essai et dès-lors l'on ne peut le
recommander d'une manière sûre. D'ailleurs le breton se
confond de plus en plus avec le percheron, et ce ne serait
dès-lors qu'un percheron plus ramassé que nous devrions
introduire. La question d'amélioration de notre espèce
chevaline étant surtout une question d'avenir, une question de temps où il ne faut pas agir brusquement, et
comme nous espérons que les progrès dans la culture
marcheront d'un pas plus rapide, nous croyons à l'utilité

du percheron, parce que bientôt on pourra chez nous, comme ailleurs, donner l'aliment substantiel qui convient. Les chevaux percherons introduits par le commerce ont fait disparaître le discrédit que cette race avait acquis auprès de beaucoup de personnes, et nous sommes convaincus que des étalons de cette race, bien choisis, de moyenne taille, bien carrés, seraient goûtés ; les étalons de la Société hippique passent chez beaucoup d'éleveurs pour des percherons.

On a quelquefois parlé de *l'ardennais*, mais ce cheval est un peu grand ; on le fait lourd aujourd'hui et il ne marque guère dans le produit. Dans la Lorraine on a abandonné ce reproducteur et on lui a préféré le percheron ; ce ne serait donc pas le cas de l'introduire chez nous.

Dans la race *boulonnaise* il y a quelquefois des chevaux de petite taille, secs et trappus, en même temps qu'ils sont de vieille souche ; mais comme l'expérience n'a pas encore parlé, l'on ne peut guère le proposer.

L'anglo-normand comme améliorateur a été employé par l'administration des haras ; elle nous dit même que si nous voulons des chevaux de trait, il faut toujours prendre ce demi-sang en choisissant des sujets carrés et bien membrés ; qu'ils transmettent leur caractère régulier et qu'en dehors de ce reproducteur il n'y a pas de salut ; que si nous ne nous en servons pas nous ferons fausse route. Nous avons dit qu'il donne quelquefois de bons produits, mais que les qualités qu'il donne sont individuelles et ne sont pas acquises à la race comme celles que donne l'étalon moins disparat d'une race de trait moins léger ; nous n'en voyons donc pas l'utilité pour le moment et si plus tard, quand nos poulinières seront faites, il y a encore à faire des modifications, s'il faut faire des chevaux plus fins, nous croyons qu'il faudra toujours préférer , comme cela se fait dans la Haute-Saône, l'étalon ayant le plus de sang normand et le moins anglais possible. — Si dans le Bas-Rhin le cheval de sang fait quelque bien, n'oublions pas que l'administration des haras confond trop les moyens du Haut-Rhin avec ceux de la partie septentrionale du Bas-Rhin, et que cependant il y a une différence absolue entre les chevaux des deux départements.

Faut-il laisser à l'industrie chevaline toute la liberté ou faut-il que l'administration départementale dirige les opérations tout en laissant, bien entendu, parfaite liberté aux éleveurs? L'expérience de ce qui nous est arrivé et l'examen de l'état actuel de nos chevaux, prouve que l'on ne peut pas abandonner aux éleveurs le travail d'amélioration ; la liberté absolue dans le choix des reproducteurs a toujours été funeste. Un particulier ne mettrait que rarement le prix nécessaire , ne choisirait pas toujours le reproducteur convenable, et surtout il n'aurait pas la persévérance et ne poursuivrait pas toujours la voie tracée. L'idée d'une administration des haras est donc bonne, mais il faut que ceux qui se chargent de fournir les étalons améliorateurs connaissent le pays et sachent si les étalons patronnés conviennent à toutes les conditions locales ; la décentralisation de cette administration est donc nécessaire et il faut une administration départementale, une commission unique, choisie par le Préfet au sein de la Société d'agriculture, formée par aussi peu de membres que possible, afin de pouvoir la réunir fréquemment (1). Une administration locale,

(1) Peut-être que ces fonctions ne devraient pas être purement honorifiques et que , comme dans les sociétés savantes de l'Etat, il y ait des jetons de présence ; de cette manière l'on éviterait le découragement et la négligence qui ont fait avorter tous nos essais hippologiques.

avertie par les besoins ou les intérêts locaux, est meilleur juge qu'une direction centrale éloignée, étrangère à tous ces intérêts et ne pouvant même souvent s'y prêter.

Examinons brièvement les bases sur lesquelles nous aimerions voir s'établir ce service appelé à développer chez nous une des branches de la richesse publique. Les étalons seront choisis et achetés par la commission, conformément aux indications scientifiques et économiques, que nous avons retracées et que la commission discutera, en prenant en considération les localités que les étalons devront desservir. Les étalons de la région seront exposés lors des concours agricoles. Ces chevaux achetés par le département seront concédés à des propriétaires présentant les qualités voulues, choisis par le Préfet (d'après une recommandation de l'autorité municipale et des garanties de moralité et de solvabilité) et susceptibles de fournir bon logement, bon régime et bons soins. Les étalons leur seront vendus à l'amiable, ou s'il y a lieu, aux enchères, à des prix aussi modérés que possible ; ils deviennent la propriété des concessionnaires qui les achètent à leurs risques et périls. Cette dernière clause est rendue nécessaire par l'arrêté ministériel du 16 novembre 1857 sur l'administration des haras, si l'on veut que ces étalons touchent la prime des étalons approuvés. Les concessionnaires ont à se soumettre à un cahier des charges, ne doivent laisser faire qu'un nombre déterminé de saillies, ne couvrir que des juments visitées, bien nourrir et soigner ; les étalons ne peuvent travailler que hors de l'époque de la monte, jamais de février à juin et toujours à des travaux d'agriculture. Toutes les saillies seront enregistrées et l'on notera le résultat, avec les observations s'il y a lieu. Ces étalons seront fréquemment visités par des vétérinaires chargés de l'inspection, lesquels rendront compte de leurs tournées.

Il faut que les étalons se trouvent constamment auprès des cultivateurs, qu'ils les voient et les jugent au travail ; le travail des reproducteurs en-dehors du temps de la monte est nécessaire à la santé et à la conservation des membres, en même temps qu'il les empêche de devenir méchants. Les étalons sont plus prolifiques et leurs produits se ressentent de leur rusticité ; en les confiant à des particuliers on évitera les frais qu'entrainent les dépôts d'étalons. Nous avons vu plus haut qu'il faudrait à notre département de 30 à 40 bons étalons ; ces étalons, achetés vers six ans, pourront vivre longtemps et faire un bon service pendant une moyenne de six à huit ans, quelquefois plus de dix ; il suffira donc, quand on sera arrivé au chiffre nécessaire, de faire une remonte annuelle d'environ cinq chevaux, sauf accidents, pour entretenir le nombre nécessaire. Il n'est pas à craindre que nos cultivateurs ne s'empressent de recourir à ces reproducteurs, s'ils sont à leur portée et que par ce seul fait l'on réduise à un chiffre très-minime le nombre d'étalons défectueux.

Ce système n'est pas nouveau ; il est appliqué depuis 1844 dans le département de la Haute-Saône et il a eu d'excellents résultats, sans surcharger le budget du département ; nos voisins entretiennent 36 étalons concédés pour six ans ; chaque année le vétérinaire inspecteur en achète six en Normandie ou dans le Perche. Il n'y a plus dans ce département que 5 ou 6 étalons qui ne soient pas approuvés et sur lesquels le vétérinaire n'ait pas de contrôle à exercer. Il y a dans ce département des propriétaires qui ont plusieurs étalons du département et ont ainsi créé ce qu'on pourrait appeler un dépôt domestique.

Il y a tout lieu à espérer que ces étalons, achetés par

l'administration départementale, toucheront les primes allouées par le gouvernement aux étalons approuvés. Cette prime, ajoutée au produit des saillies, donnerait au concessionnaire un revenu annuel d'environ 800 francs (400 francs en prime et 400 francs en prix des saillies), ce qui indemniserait largement le concessionnaire pour le travail non fait à l'époque de la monte.

Si tous ces étalons étaient approuvés, s'ils touchaient des primes du Gouvernement, le département pourrait réserver son argent à l'achat des étalons et à des encouragements aux juments et à leurs produits. Maintenant que le Gouvernement veut que l'industrie chevaline soit libre, qu'elle soit dirigée par des hommes de la localité, il est à espérer qu'on augmentera les primes des étalons approuvés, quand même ils seront de trait, si ceux-ci correspondent aux besoins du pays.

L'achat de bons reproducteurs mâles est un des principaux moyens d'améliorer et d'encourager l'élevage, mais nous n'aurons pas tout fait; il faut aussi s'occuper des femelles. Que l'espèce chevaline ne soit plus exclue de nos concours agricoles, que la Société d'agriculture, que les comices agricoles donnent donc des primes aux juments suitées, appartenant au propriétaire depuis au moins deux ans, à celle qu'on a fait saillir par les étalons départementaux; qu'elle distribue des prix aux poulains et surtout aux pouliches. Les primes aux bonnes juments ne le cèdent pas aux encouragements donnés aux étalons; elles engagent les cultivateurs à livrer les bonnes poulinières à la reproduction. Une bonne jument doit se rapprocher le plus possible du type que nous voulons produire, avoir surtout de belles épaules, le dos et les reins droits, la hanche large, la croupe droite, les articulations larges, etc.

Qu'on encourage par des primes les entrepreneurs de bons pâturages qui prendraient des poulains en pension ; qu'on encourage enfin tout ce qui concourt à une bonne hygiène.

Comme par la voie que nous conseillons, les éleveurs ne sont pas entraînés à de fausses spéculations, comme ils produiront des animaux donnant des bénéfices par eux-mêmes, les encouragements n'ont pas besoin d'être aussi forts que si c'était un mode à inspirer, à localiser; cependant que les primes et les prix ne soient pas illusoires, qu'ils soient d'une certaine importance. Le département du Bas-Rhin donne annuellement 12,500 fr. pour encourager l'élevage du cheval et le Haut-Rhin n'accorde que 5,000 francs, qui sont réservés à la Société hippique et ne sont par conséquent pas dépensés de la manière la plus utile possible.

Il n'y a pas lieu d'encourager chez nous le commerce par la création de nouvelles foires ; il n'y a pas lieu non plus, pour le moment, d'établir des courses au trot ou des concours de force et de vitesse.

SOMMAIRE.

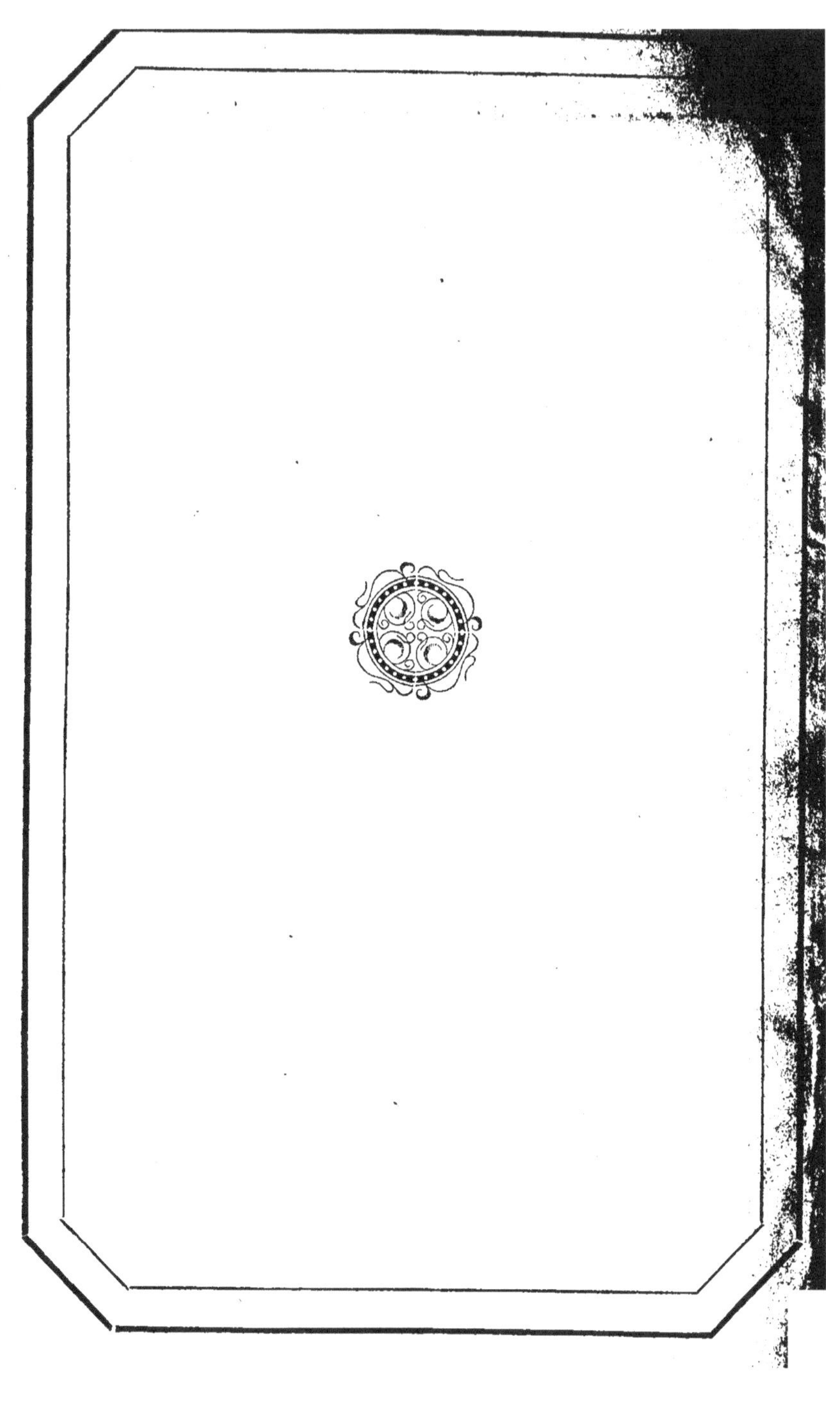

9 782329 683331